Le grand livre
des jeux
drôles et intelligents

Le tour du monde en 130 jeux

Le grand livre
des jeux
drôles et intelligents

Texte

Marie-Claude Favreau

Graphisme
et
illustrations

Isabelle Charbonneau

Données de catalogage avant publication (Canada)

Favreau, Marie-Claude

Le grand livre des jeux drôles et intelligents. Le tour du monde en 130 jeux.

Pour les jeunes de 8 à 12 ans.

ISBN 2-7625-0681-6

1. Jeux - Ouvrages pour la jeunesse. 2. Jeux intellectuels - Ouvrages pour la jeunesse. 3. Jeux littéraires - Ouvrages pour la jeunesse. I. Charbonneau, Isabelle. II. Titre.

GV1203.F392 1998 j793.7 C98-940564-8

Dépôts légaux : 2e trimestre 1998
Bibliothèque nationale du Québec
Bibliothèque nationale du Canada

ISBN : 2-7625-0681-6

Imprimé au Canada

10 9 8 7 6 5 4 3 2

LES ÉDITIONS HÉRITAGE INC.
300, rue Arran, Saint-Lambert (Québec) J4R 1K5
Téléphone : (514) 875-0327
Télécopieur (514) 672-5448
Courrier électronique : heritage@mlink.net

Sommaire

Légendes

Jeux de calcul et de logique 

Jeux de mots 

Jeux d'observation 

Mots croisés 

Quiz, charades et énigmes 

Facile

Moyen

Difficile

Mots en images : une étonnante découverte

Émile et Charlotte, en promenade avec le chien Boris et le chat Bottin, ont trouvé une valise sur un banc de parc. Remplis la grille avec les noms des objets qu'ils y ont trouvés.

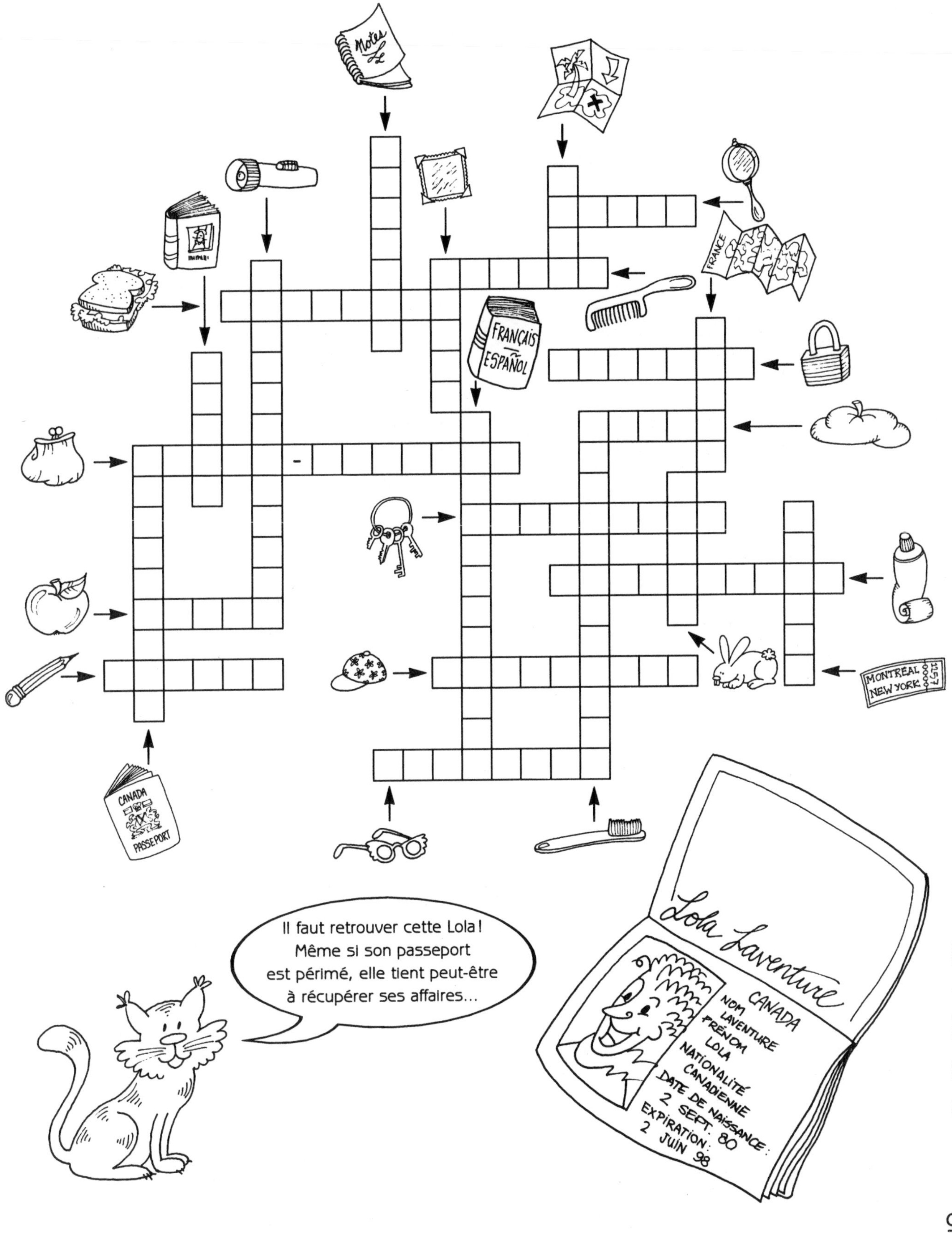

Il faut retrouver cette Lola! Même si son passeport est périmé, elle tient peut-être à récupérer ses affaires...

Charlotte enquête

Charlotte veut partir à la recherche de Lola Laventure. Aide-la à retracer une partie de l'itinéraire de Lola en remettant ces papiers en ordre. Dans quel ordre Lola visitera-t-elle les diverses régions du globe ? Quels continents ne visitera-t-elle pas ?

- Lima : me renseigner sur les excursions en Amazonie (acheter citronnelle contre les moustiques !).
- Après la jungle, le monde civilisé : départ pour Londres à 17h00.

- Visite du palais de Buckingham avec Janet.
- Départ pour la France en TGV : 13h00. Yé ! Je vais voir le tunnel sous la Manche !
- (Téléphoner à Évelyne en arrivant à Paris.)
- De Paris, préparer voyage en Afrique : Avertir Mohammed que j'irai à Tunis après mon passage en Europe de l'Est. Lui demander de prendre des renseignements sur le Cameroun et aussi sur les safaris-photos.
- Une fois en Afrique, préparer itinéraire vers le Népal.

- Rendez-vous avec Pablo au restaurant « Las Tortillas » à 18h30, le 24 juin.
- Acheter sombrero !
- Voir horaire des trains pour le Machu Picchu à partir de Lima.

- Acheter billet pour les États-Unis.
- Téléphoner à maman à Saint-Thècle.
- Mon passeport est bon jusqu'au 2 juin. En faire faire un nouveau.

- Escalade de l'Everest : acheter l'équipement nécessaire - départ pour le camp de base à 5h00 du matin !
- En revenant à Katmandou, prendre billets d'avion pour Shanghaï.

- New York : 11h00 Visite de la statue de la Liberté avec Lucy.
- 13h00 Musée d'art moderne avec Maud.
- Acheter billets de train pour le Mexique.

Afrique ❑
Amériques du Nord ❑
du Sud ❑
Asie ❑
Europe ❑

Les deux continents que Lola ne visitera pas : ____________ et ____________

Les panneaux mêlés

Observe bien chacune de ces séries de panneaux. Un intrus s'y est glissé. Trouve cet intrus, puis replace-le dans la série qui lui convient le mieux.

	1.	2.	3.	4.
A				
B				
C				
D				
E				
F				

Des intrus dans les transports

Émile a dressé 10 listes de termes ayant tous un rapport avec les moyens de transport. Essaie de trouver l'intrus qui s'est faufilé dans chacune de ces listes.

1. BILLET QUAI RAIL SOUTE WAGON
2. AILE FUSELAGE LOCOMOTIVE NEZ QUEUE
3. CABINE CALE ESSIEU PONT POUPE
4. CAPOT HAUBAN HAYON PARE-CHOCS PHARE
5. AÉROFREINS GARDE-BOUE PARE-BRISE RÉSERVOIR SIDE-CAR
6. CHAÎNE GUIDON PÉDALE SABOT SELLE
7. BIPLAN FELOUQUE JONQUE PIROGUE SAMPAN
8. BILLET EMBARQUEMENT HORAIRE LUNETTES PASSEPORT
9. DIRIGEABLE DRAKKAR HÉLICOPTÈRE MONTGOLFIÈRE TRIPLAN
10. ÉTRIER MARTINGALE MASQUE SANGLE SELLE

Les « scrabouilleurs »

Quels noms peux-tu former avec les lettres de AVENTURE pour obtenir le nombre de points indiqué dans chaque série ? Tu ne peux utiliser chaque lettre qu'une seule fois.

A 2	V 6	E 1	N 3	T 8	U 7	R 4	E 12

10	
12	
15	
16	
23	
25	
29	
30	
31	
34	

Objets à trouver : New York, New York !

Émile, Charlotte, Boris et Bottin visitent le MOMA, musée d'art moderne de New York. Mais quelle cohue ! Jamais ils ne trouveront Lola Laventure ici. Et toi, la vois-tu* ? Vois-tu aussi : un serpent, un parapluie, une loupe, une balle de baseball, une fourchette, un rouleau à pâte, deux crayons, un saucisson, une plume et un râteau ?

* Si tu ne te souviens plus de quoi elle a l'air, va voir son passeport à la page 9.

Supergrille : l'eau en voyage

L'eau s'évapore, puis retombe en pluie, forme des ruisseaux et des fleuves, tourne à gauche, tourne à droite, sculpte les rives... L'eau est une grande voyageuse. Essaie de placer dans la grille tous les mots de la liste ci-dessous.

Mots à placer :

- 2 lettres : ru
- 3 lettres : lac, lit, mer, sel
- 4 lettres : anse, baie, crue
- 5 lettres : brume, chute, cours, delta, étang, fjord, fonte, grêle, nuage, oasis, océan, orage, pluie, rosée
- 6 lettres : canaux, digues, fleuve, goutte, marais, source, typhon, vapeur
- 7 lettres : cyclone, érosion, glacier, iceberg, mousson, rivière, torrent, tsunami
- 8 lettres : estuaire, humidité, ruisseau
- 10 lettres : embouchure, inondation
- 11 lettres : évaporation

Les génies de la B.D.

C'est bien connu, les héros de bandes dessinées sont de grands voyageurs. Rien ne les arrête. Si tu es maniaque de B.D., tu pourras sûrement répondre à ces petites questions...

1. Lequel de ces pays Tintin n'a pas visité ?
   Chine ❑ Écosse ❑ Égypte ❑ États-Unis ❑ Japon ❑ Tibet ❑

2. De quel pays Astérix a-t-il fait le tour en compagnie de son gros ami Obélix ?
   ____

3. Quel est le moyen de transport privilégié des Schtroumpfs pour faire de longues distances ?
   ____

4. Quel nom porte aujourd'hui le pays où se déroule l'histoire d'*Astérix chez les Hélvètes* ?
   Allemagne ❑ Autriche ❑ Belgique ❑ France ❑ Luxembourg ❑ Suisse ❑

5. De quel pays vient son Altesse impériale le grand-duc Léonide qu'escorte Lucky Luke dans *Le Grand-Duc* ?
   ____

6. Dans quelle ville d'Égypte Astérix, Obélix et Panoramix aident-ils l'architecte Numérobis à construire un temple ?
   Alexandrie ❑ Le Caire ❑ Port-Saïd ❑ Suez ❑

7. Dans une de leurs aventures, Spirou et Fantasio doivent veiller sur un gri-gri africain. Quel parc national du Sénégal a donné son nom à l'album qui relate cette aventure ?
   ____

8. Dans quelle région du monde Tintin rencontre-t-il un yack ?
   ____

9. De quel pays vient Pépé, le fils du chef Soupalognon y Crouton, qu'Astérix a sorti des griffes des Romains ? (Indice : de nos jours, ce pays s'appelle l'Espagne.)
   ____

10. D'après toi, sur quel continent vivent les indiens Arumbayas que Tintin rencontre dans *L'Oreille cassée* ?
    Afrique ❑ Amérique du Sud ❑ Asie ❑

Cache-cache : les langues étrangères

Chacune de ces séries de mots cache une langue. Pour la découvrir, choisis dans chaque mot deux lettres qui se suivent, puis mets-les bout à bout. (Ne tiens pas compte des accents.)

exemple :
FRIT
ÂNES
IN**CA**
PL**IS**
solution : français

1. TEST
PÂLE
GNOU
BOLS

_ _ _ _ _ _ _ _ _ _

2. MÂLE
FILE
MÂTS
INDE

_ _ _ _ _ _ _ _ _ _

3. DANS
NOIR
BISE

_ _ _ _ _ _ _ _

4. JADE
PONT
NAJA
IBIS

_ _ _ _ _ _ _ _ _ _

5. VITE
TÊTE
NAIN
AMIE
MENU

_ _ _ _ _ _ _ _ _ _ _ _ _

6. CROC
NÉON
AILE

_ _ _ _ _ _ _ _

7. MONT
ANGE
PÔLE

_ _ _ _ _ _ _ _

8. POTS
LONG
NAÏF
MISE

_ _ _ _ _ _ _ _ _ _ _

Après avoir suivi pendant des heures une route déserte de l'Arizona, Émile, Charlotte, Boris et Bottin atteignent Ghost Town. Hum ! Ce n'est sûrement pas dans cette ville abandonnée depuis 40 ans qu'ils trouveront de quoi se restaurer ! Pourtant, Émile et Charlotte ne manquent pas de noter 15 détails insolites.

(Malheureusement, dans leur hâte de quitter cet endroit inhospitalier, ils n'ont pas vu Lola Laventure… Et toi ?)

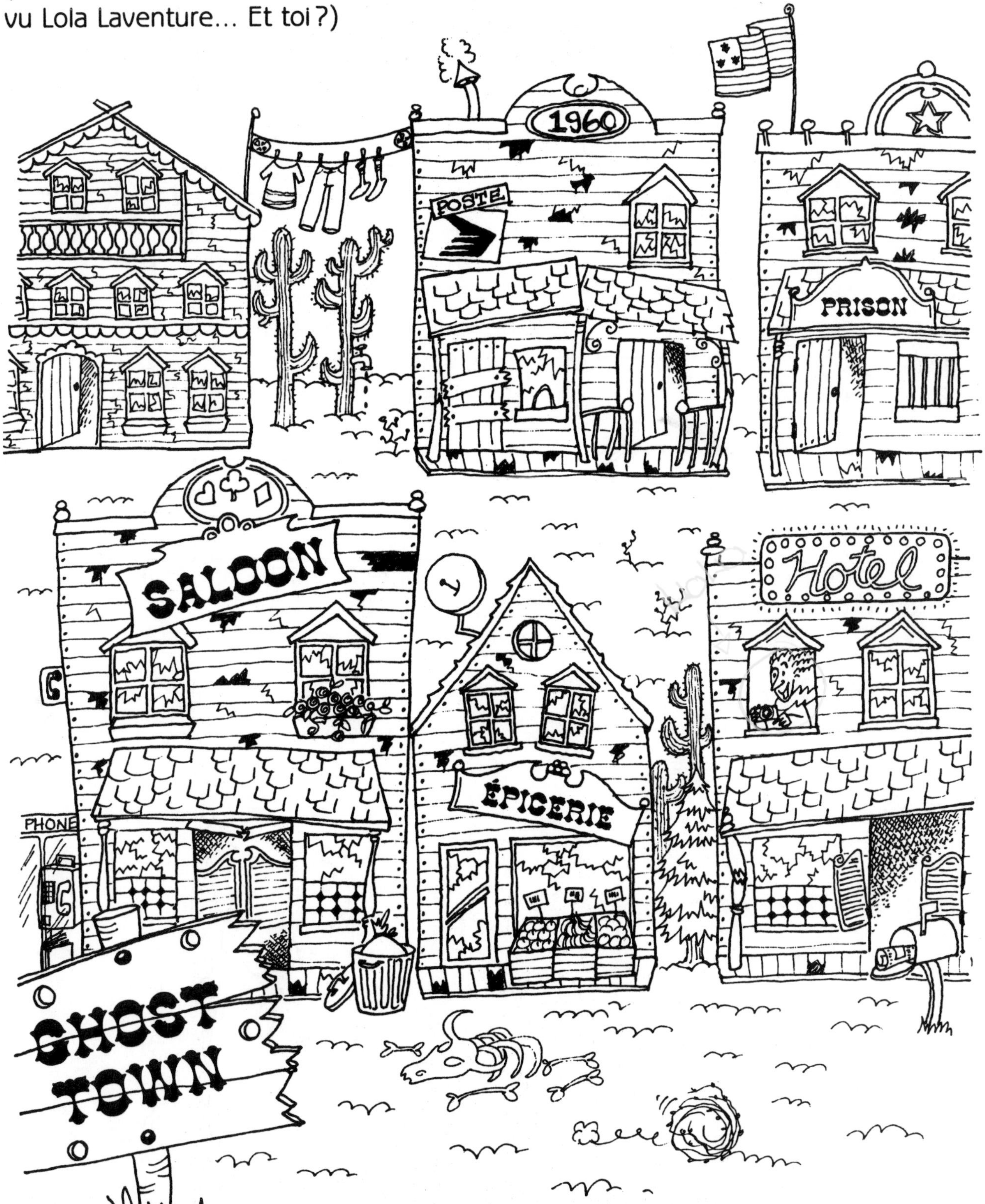

Un goût de crème !

Le chat Bottin doit traverser ce labyrinthe de mots s'il veut atteindre le bol de crème. Aide-le en lui faisant suivre des mots qui forment des expressions. (Par exemple : de goût à mauvais, de mauvais à rhume...)

FOIE	TIROIR	NOIRE	FENÊTRE	NEZ	TÉLÉVISION	BOIS	LUNE
GOÛT	MAUVAIS	RADIO	PHOTO	FLEUR	SÉRIE	BOUGIE	MILLE
TENNIS	RHUME	CARTE	TÊTE	IDÉE	MEUBLE	PLUME	FEUILLE
LOUP	FOIN	BOTTE	ÉPINGLE	GÉNIE	CHAISE	PIANO	CRÈME
PIERRE	VILLE	NUIT	ROUGE	LAMPE	GOMME	LIVRE	SUCRE
POIGNÉE	SUITE	SENTIER	ÉCOLE	HUILE	MOTEUR	ESSENCE	VANILLE

crème

Qui va là ?

Chacune de ces phrases, à première vue sans intérêt, cache en réalité au moins un moyen de transport. Sauras-tu les trouver tous ?

Monica regardait l'acrobate au-dessus de la piste.

Le lion tournait autour de sa cage.

Un homme entra, indifférent.

Monica nota qu'il boitait.

Sans un mot, Odilon sortit de la salle.

Il était ravi, on le voyait bien.

Pas de voyelles à la gare de Mexico

Hum ! Le moins qu'on puisse dire, c'est que ce tableau des départs n'est pas très clair. Aide nos pauvres voyageurs à s'y retrouver en ajoutant les voyelles qui manquent à ces huit pays d'Amérique du Sud.

	Puerta	Salida
B _ L _ V _ _	1	12h30
P _ R _ _	2	13h20
B R _ S _ L	3	13h28
C _ L _ M B _ _	7	14h02
V _ N _ Z _ _ L _	4	15h20
_ R G _ N T _ N _	5	16h30
C H _ L _	6	17h35
P _ R _ G _ _ _	8	17h09

En tout cas, « puerta » veut dire porte !
ÉMILE
CHARLOTTE

Au bureau des objets perdus

Essaie de trouver dans cet ensemble les quatre objets entourés de six objets différents.

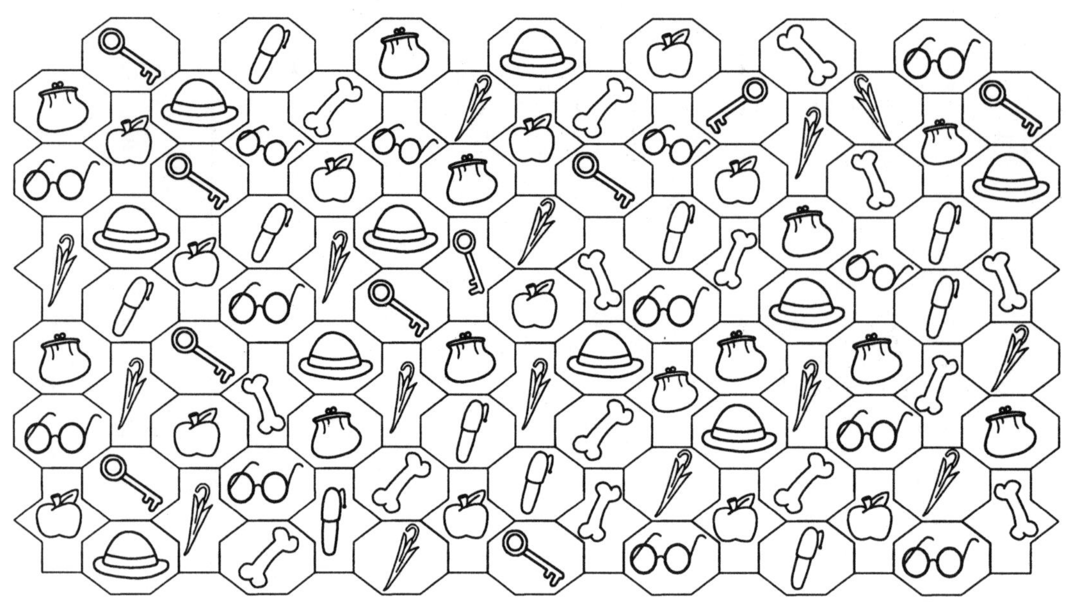

Question de crayon

Lesquels de ces dessins peux-tu faire sans lever le crayon du papier et sans repasser sur les lignes ?

1. 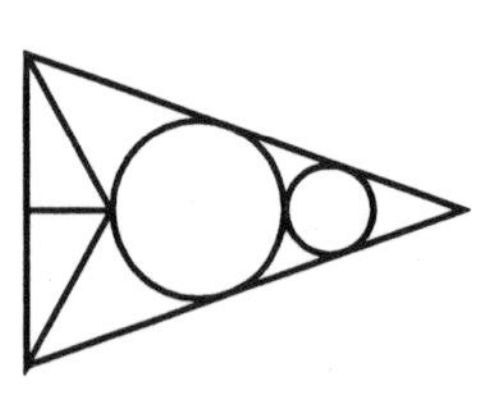

2. 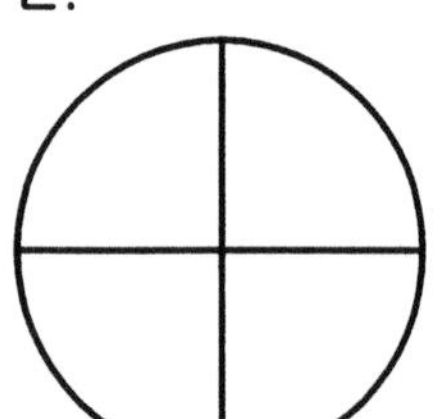

3. 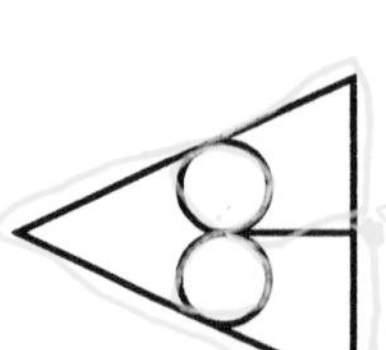

4. 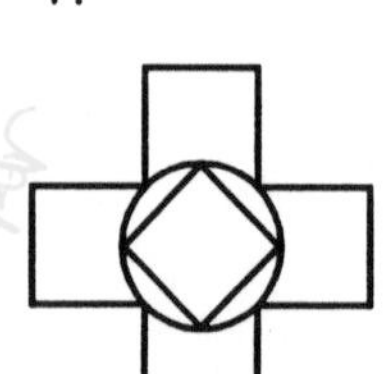

5. 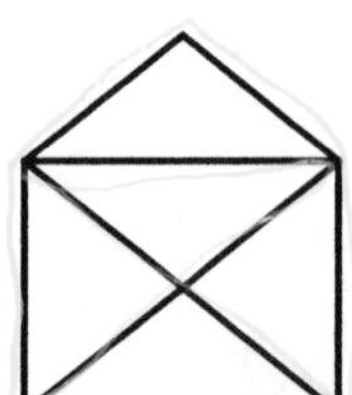

Un voyageur camouflé

Dans ce motif se cache un grand voyageur. À toi de compléter son nom.

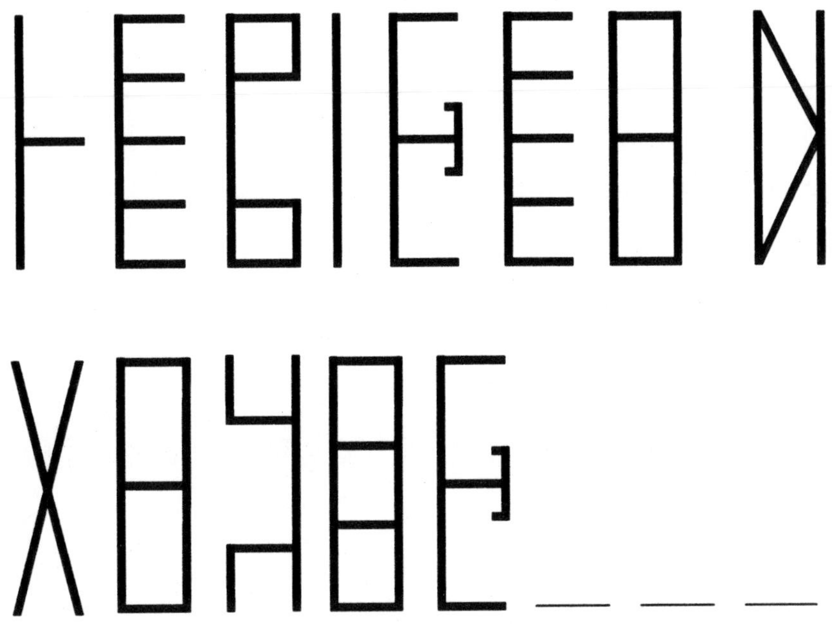

Expressions en délire

Retrouve les 10 expressions cachées ici en associant les segments de gauche à ceux de droite. Ouvre l'œil... et le bon!

Avoir bon pied	sur le bout de la langue
Avoir la langue	la main dans le sac
Lever les yeux	à la pâte
Avoir le compas	plus grands que la panse
Avoir les yeux	bien pendue
Avoir un mot	au ciel
Être pris	bon œil
Avoir le cœur	dans l'œil
Mettre la main	dans les nuages
Avoir la tête	sur la main

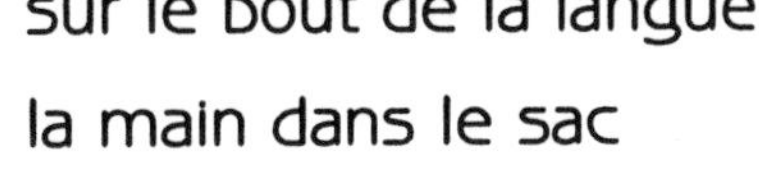

Bien au chaud, bien au sec : à chacun sa maison !

À l'aide de l'indice qu'il te donne, relie chacun de ces enfants à son habitation.

1. Pendant la mousson, j'aime avoir les pieds au sec !

2. Ma maison peut résister aux vents très violents de la steppe !

3. Pour des nomades, il n'y a pas mieux !

4. Dans le désert, c'est l'idéal !

5. J'ai le pied marin !

6. Un peu de terre, un peu de bouse... et hop ! mes murs sont montés !

1.
2.
3.
4.
5.
6.

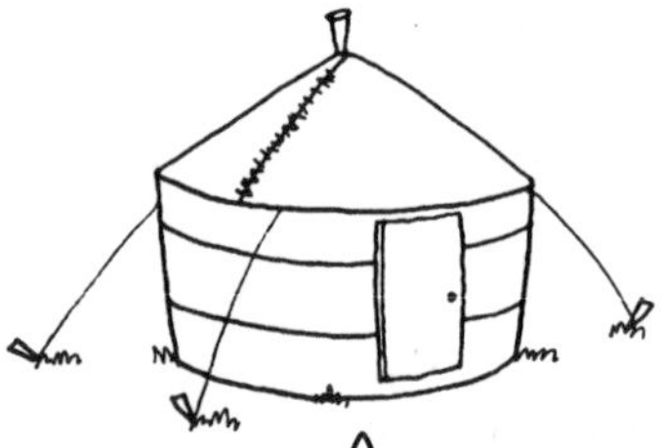

A
B 
C 
D 
E 
F

Les frises précolombiennes

Observe bien les motifs dessinés ici, puis termine les frises et colorie-les à ton goût!

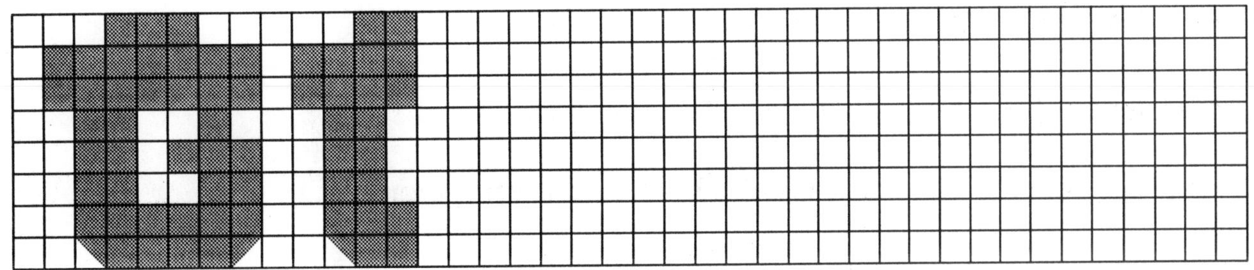

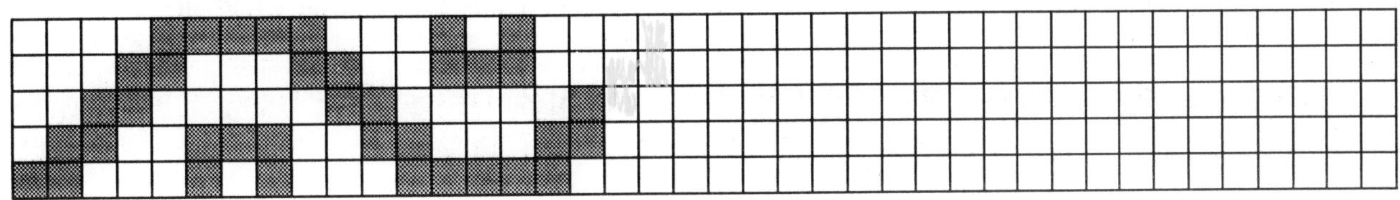

Lettres et chiffres à la file

Ces séries de lettres et de chiffres semblent bien étranges. Pourtant, elles suivent toutes un ordre logique. Essaie de les terminer.

B C D G J O P ___

CD3 FG6 HJ12 KL24 _______

Y1A U6E O11F I16H E21I _______

Les petits génies à l'étranger

1. Qu'est-ce qu'un samovar?
un guerrier japonais ❑ une bouilloire russe ❑ un juge yougoslave ❑

2. Qu'est-ce qu'une isba?
une maisonnette russe ❑ une sorcière russe ❑ une poupée russe ❑

3. Qu'est-ce qu'un kimono?
un tapis tressé ❑ une maison ❑ un vêtement japonais ❑

4. Qu'est-ce qu'un cornac?
en Inde, quelqu'un qui s'occupe des éléphants ❑
un cours d'eau dans le désert ❑ un instrument de musique africain ❑

5. Dans quel pays les hommes portent-ils un kilt?
en France ❑ en Écosse ❑ en Roumanie ❑ au Japon ❑

6. Qu'est-ce qu'un gong?
un instrument de percussion ❑ un mammifère marin ❑
un gang de bandits japonais ❑

7. Qu'est-ce qu'une corrida?
un spectacle de marionnettes ❑ une chanson espagnole ❑
une course de taureaux ❑

8. Dans quel pays les femmes portent-elle un sari?
au Viêt-nam ❑ en Inde ❑ en Afrique du Sud ❑

9. Qu'est-ce que la «piñata»?
un jeu d'Amérique du Sud ❑ un jus d'ananas ❑
la monnaie mexicaine ❑

10. Que fait le gaucho argentin?
il surveille les troupeaux de bovins ❑
il dirige la circulation ❑ il va à l'école ❑

Jeu de mémoire

Le train qui mène au célèbre site archéologique Machu Picchu est bondé ! Observe bien cette image pendant une minute, puis tourne la page et essaie de répondre aux questions. Attention, tu n'as pas le droit de prendre de notes !

Jeu de mémoire (suite)

Dans ce wagon y a-t-il :

- un bébé ? ❑
- des lunettes d'approche ? ❑
- une touriste autrichienne ? ❑
- un appareil photo ? ❑
- une statuette inca ? ❑
- un panier ? ❑
- une cannette de soda ? ❑
- un sac à dos ? ❑
- un oreiller ? ❑
- un coq ? ❑
- un livre ? ❑
- un sandwich ? ❑
- une valise ? ❑
- une cruche décorée ? ❑

Jeu de cubes

D'après toi, combien de petits cubes faudra-t-il pour terminer ce gros cube ?

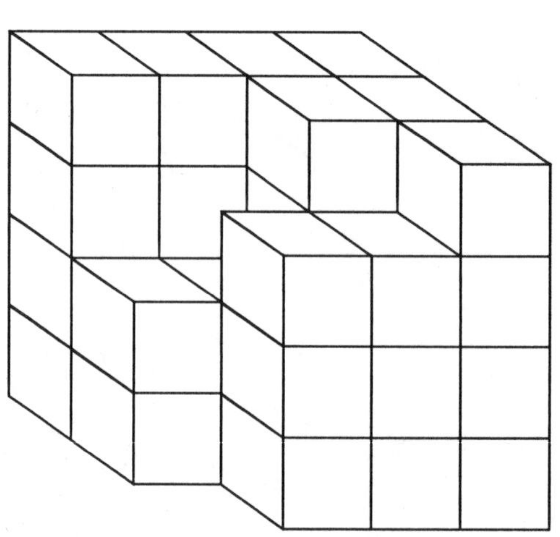

Dessin mystère chez les Incas

Noircis uniquement les cases avec des ovales et des ronds, et tu découvriras le dessin mystère.

☆	△	□	☆	□	☆	◇	◇	△	△	☆	◇	○	○	○	□	☆	□	☆	□	☆	□	☆	△	△	□
◇	□	◇	☆	◇	△	☆	☆	◇	⬯	○	○	⬯	○	⬯	⬯	○	⬯	◇	◇	☆	◇	□	□	□	△
□	☆	□	◇	□	◇	☆	△	⬯	○	○	⬯	☆	◇	☆	⬯	○	○	⬯	□	◇	□	□	△	△	△
□	△	☆	△	☆	△	◇	⬯	○	○	⬯	◇	○	⬯	○	□	○	⬯	○	⬯	□	☆	□	☆	□	☆
△	◇	□	◇	△	◇	○	○	⬯	☆	☆	○	○	◇	○	○	☆	☆	○	○	⬯	◇	◇	☆	◇	△
◇	☆	□	△	◇	○	⬯	○	◇	○	⬯	○	☆	☆	□	○	⬯	○	□	○	⬯	○	□	◇	□	☆
☆	□	◇	☆	◇	⬯	○	◇	○	○	○	☆	◇	◇	△	☆	○	○	○	☆	⬯	○	☆	□	△	□
□	△	□	□	⬯	○	□	⬯	○	⬯	○	○	⬯	○	⬯	⬯	○	⬯	⬯	○	□	⬯	○	△	☆	□
☆	△	□	□	☆	□	☆	△	⬯	○	⬯	○	○	☆	⬯	○	⬯	○	○	□	☆	□	□	☆	□	△
◇	□	◇	◇	☆	◇	□	◇	⬯	○	□	⬯	○	☆	⬯	○	☆	⬯	○	◇	☆	◇	◇	☆	◇	☆
□	☆	□	□	◇	□	□	△	⬯	○	○	⬯	□	◇	☆	⬯	○	○	⬯	□	◇	□	□	◇	□	△
□	△	☆	○	⬯	○	◇	☆	○	⬯	○	○	⬯	○	⬯	⬯	○	⬯	⬯	☆	△	○	⬯	○	☆	△
△	◇	□	○	☆	⬯	⬯	☆	⬯	○	⬯	○	□	☆	☆	⬯	○	⬯	○	□	⬯	○	☆	⬯	□	◇
◇	☆	□	○	○	⬯	☆	◇	□	○	○	⬯	○	⬯	○	○	○	○	☆	□	△	○	○	⬯	□	△
☆	□	◇	☆	⬯	○	⬯	○	○	☆	○	⬯	○	⬯	○	○	○	△	⬯	○	⬯	○	○	□	◇	☆
□	△	□	◇	⬯	○	⬯	○	○	○	□	⬯	○	⬯	○	○	□	○	⬯	○	⬯	○	○	△	☆	△
☆	△	☆	◇	△	☆	⬯	○	☆	○	○	☆	□	○	△	☆	○	○	☆	⬯	○	□	☆	□	□	◇
□	◇	□	△	◇	◇	○	⬯	□	☆	○	⬯	○	△	⬯	⬯	○	☆	◇	○	⬯	◇	☆	◇	□	△
□	△	□	☆	◇	□	⬯	○	□	◇	△	○	⬯	⬯	○	○	△	◇	△	⬯	○	□	◇	□	◇	☆
◇	☆	△	□	△	△	⬯	○	⬯	○	⬯	○	⬯	○	⬯	○	⬯	○	⬯	○	⬯	◇	☆	□	□	☆
□	☆	□	□	◇	□	○	⬯	⬯	○	⬯	○	⬯	○	⬯	○	⬯	○	⬯	○	○	☆	□	◇	◇	☆
☆	△	☆	◇	△	☆	△	⬯	○	○	⬯	△	◇	☆	□	△	⬯	○	○	⬯	◇	□	△	□	□	◇
◇	☆	□	◇	☆	□	◇	⬯	○	⬯	⬯	◇	☆	□	◇	◇	⬯	○	⬯	⬯	△	☆	△	☆	◇	△
☆	□	◇	☆	□	◇	△	⬯	○	⬯	○	△	□	△	□	◇	⬯	○	⬯	○	☆	△	☆	◇	△	☆
□	△	□	□	△	□	⬯	○	⬯	○	⬯	○	☆	△	☆	⬯	○	⬯	○	⬯	○	☆	□	☆	△	◇
☆	△	☆	☆	△	☆	☆	△	☆	◇	△	☆	☆	□	☆	△	☆	□	☆	△	☆	△	☆	◇	△	☆

Mot mystère : on se régale !

Miam ! Miam ! Trouve dans la grille tous les noms d'aliments ou de plats ci-dessous. Ils sont écrits à la verticale, à l'horizontale ou en diagonale, à l'endroit ou à l'envers. Les huit lettres restantes te donneront le nom de plats japonais composés de poisson cru.

V	E	R	M	I	C	E	L	L	E	I	R	A	C
G	L	S	E	L	I	K	A	L	V	U	O	S	B
A	B	C	N	I	B	E	I	G	N	E	T	S	A
S	S	H	T	A	Z	Z	I	P	L	I	M	G	M
P	P	O	H	R	I	E	I	L	L	I	U	O	B
A	A	W	E	A	R	T	E	T	O	F	U	U	O
C	G	M	A	V	A	N	I	H	S	U	S	L	U
H	H	E	G	I	N	G	E	M	B	R	E	A	B
O	E	I	C	O	U	S	C	O	U	S	S	S	O
H	T	N	R	L	B	A	K	L	A	V	A	H	R
I	T	T	M	I	S	A	L	L	I	T	R	O	T
P	I	R	O	J	K	I	L	E	D	U	R	T	S
C	S	H	I	S	H	K	E	B	A	B	I	S	H

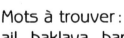

Mots à trouver :
ail, baklava, bambou, beignet, blé, bortsh, bouillie, cari, chow mein, citronnelle, couscous, gaspacho, gingembre, goulash, menthe, mil, pirojki, pita, pizza, ravioli, riz, sel, shish kebab, souvlaki, spaghetti, strudel, sushi, tofu, tortillas, vermicelle

Mot mystère : ____________________

Mots de montagne

Combien de mots pourras-tu faire partir des lettres de MONTAGNE ? Attention, chacune de ces lettres doit servir une seule fois par mot.

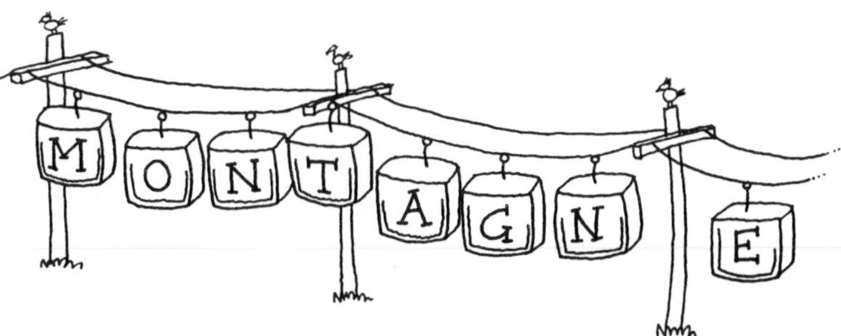

M O N T A G N E

3 lettres	4 lettres	5 lettres	6 lettres	7 lettres
______	______	______	______	______
______	______	______	______	______
______	______	______	______	______
______	______	______	______	______
______	______	______	______	______
______	______	______		
______	______	______		
______	______	______		
______	______	______		

Le quiz des mots en COR

À l'aide des indices, termine tous ces mots en COR. Les cases grises te donneront un synonyme de *chaîne de montagnes*, en Amérique du Sud.

Mot	Indice
COR _ _ _ _ _	(en Inde, il s'occupe des éléphants)
COR _ _ _	(on y met de la crème glacée)
COR _ _	(les êtres vivants en ont tous un)
COR _ _	(utile pour attacher)
COR _ _ _ _ _ _ _	(son cousin est un concombre)
COR _ _ _ _ _ _	(croâ ! croâ !)
COR _ _ _ _ _ _	(on y met de vieux papiers)
COR _ _ _ _ _	(ce n'est pas le mâle de la corneille !)
COR _ _ _ _ _ _	(olé !)
COR _ _ _ _ _ _ _ _	(hissez le pavillon noir !)

Solution : _ _ _ _ _ _ _ _ _ _

Reptiles camouflés

Pourras-tu trouver les quatre reptiles cachés dans ces phrases ? Ils sont passés maîtres dans l'art du camouflage !

De passage à Kalabo, Anne prit son perroquet Coco, brava la tempête et alla à la gare. Le train allait à Viranga, via le Gabon. « Nestor, tu es génial ! » s'écria-t-elle en voyant son singe la rejoindre.

Mots codés

Relie chaque mot à son code.

LAC

BAL

CAR

BAC

Mots mystère : la forêt amazonienne

Charlotte, Émile, Boris et Bottin suivent l'Amazone en pirogue. Quelle faune ! Quelle flore ! Trouve dans la grille tous ces noms d'animaux qui peuplent la forêt tropicale. Avec les 20 lettres restantes tu pourras former le nom d'un batracien.

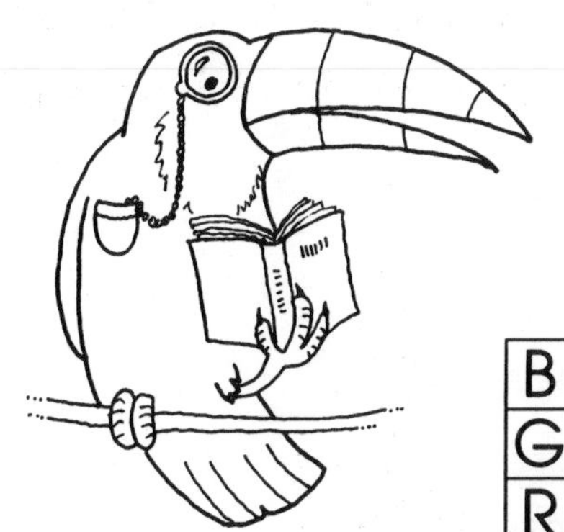

B	O	A	E	M	E	R	A	U	D	E	R
G	P	A	R	E	S	S	E	U	X	U	K
R	A	H	N	A	R	I	P	E	E	R	I
N	C	N	A	M	I	A	C	L	R	I	N
M	I	O	U	A	K	A	R	I	I	O	K
U	T	O	L	U	N	U	I	U	P	N	A
S	A	O	L	I	H	A	O	L	M	A	J
S	O	E	U	E	B	T	C	A	A	M	O
O	C	R	G	C	A	R	B	O	V	A	U
P	O	N	R	T	A	I	I	C	N	T	O
O	I	T	A	M	A	N	D	U	A	D	L
S	T	A	R	E	N	T	U	L	E	E	A

Mots à trouver :
anaconda, boa émeraude, caïman, coati, colibri, kinkajou, opossum, ouakari, paresseux, piranha, singe hurleur, tamandua, tamanoir, tarentule, tatou, toucan, vampire

Mots mystère : ________________ ________________

Charades en balade

1. Mon premier est le féminin de beau.
   Mon deuxième n'est pas maigre.
   Mon troisième vient avant trois.
   Mon tout est la capitale de la Serbie.

2. Mon premier est synonyme d'existence.
   Mon second est le contraire d'amour.
   Mon tout est la capitale de l'Autriche.

3. Mon premier est l'allure la plus lente du cheval.
   Mon second est une céréale qui pousse les pieds dans l'eau.
   Mon tout est la capitale de la France.

4. Mon premier est ce que fait le bébé après avoir bu son lait.
   Mon second, c'est la vache qui le dit.
   Mon tout est la capitale de l'Italie.

5. Mon premier est double sur le chameau.
   Mon second est un poisson, très courant en conserve.
   Mon tout est une ville américaine.

6. Mon premier est une pâte.
   Mon second est une baleine vorace.
   Mon tout est une grande ville de l'est des États-Unis.

7. Mon premier se jette à l'eau pour sauver des vies.
   Mon deuxième est synonyme de mariage.
   Mon troisième est un paresseux.
   Mon quatrième est le début de restaurant.
   Mon tout est la capitale de l'Argentine.

Dangers au cœur de la jungle...

Charlotte, Émile, Boris et Bottin ne savent pas quels terribles dangers les guettent. Trouve le léopard, les 10 piranhas, les deux tarentules, le caïman, les deux serpents et le chasseur fou qui se cachent dans cet enchevêtrement de végétation.

Un aéroport congestionné

Les compagnies aériennes font peindre leur logo sur la queue de leurs appareils. En observant bien les logos, saurais-tu dire à quelle compagnie appartient chacun des avions stationnés dans cet aéroport? Inscris les bonnes lettres dans les petites cases.

1. Swiss Air (Suisse) ❑
2. Air Canada (Canada) ❑
3. Quantas Airlines (Australie) ❑
4. Hawaïan Airlines (Hawaï) ❑
5. KLM (Pays-bas) ❑
6. Mexicana Airlines (Mexique) ❑

A

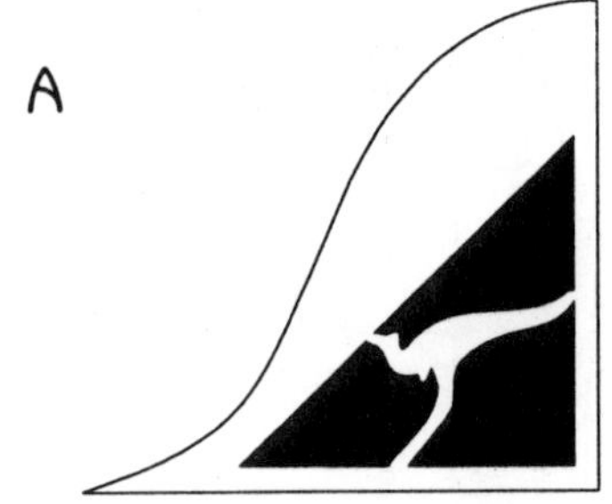

B

C

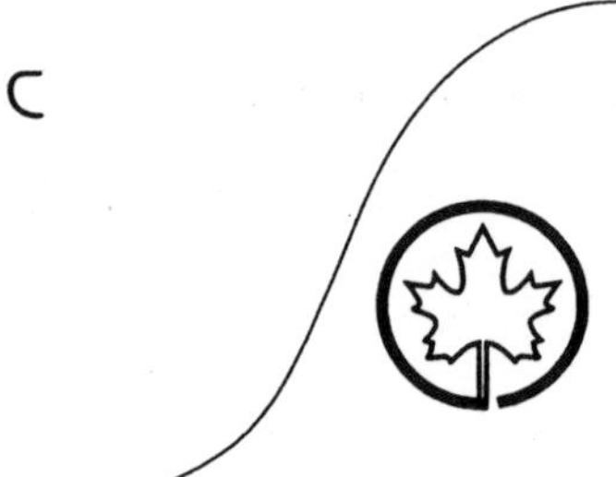

D

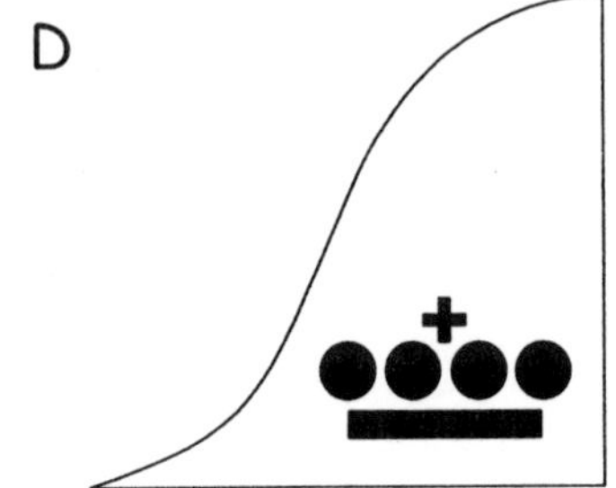

E

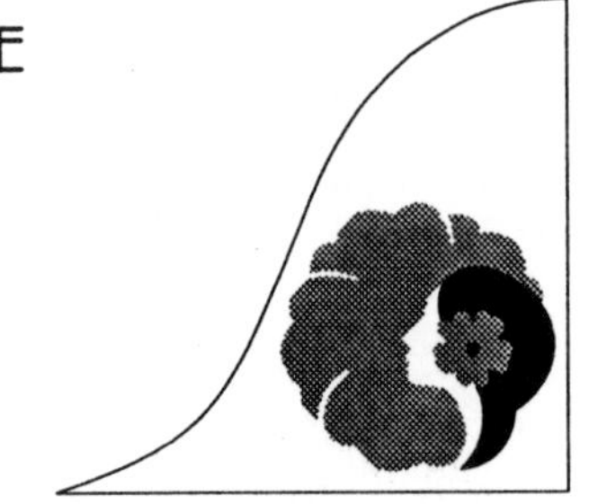

F

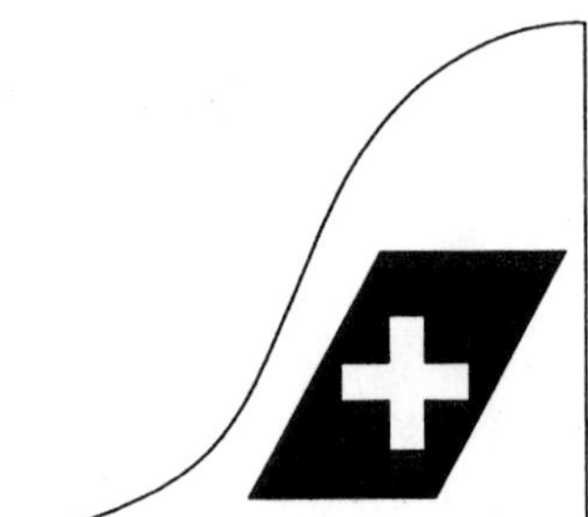

Les intrus

En route pour l'Europe! Charlotte a préparé un petit jeu pour faire patienter Émile pendant le voyage en avion. Dans chacune de ces 10 listes, elle a glissé un intrus. Peux-tu aider Émile à le trouver?

1. AÏ CROTALE DROMADAIRE FENNEC SCORPION
2. AMAZONE GANGE MÉDITERRANÉE MISSISSIPPI NIL SAINT-LAURENT
3. BLÉ COQUELICOT MAÏS RIZ SORGHO
4. CAMBODGE CONGO ISLANDE MEXIQUE NIGER
5. BÉDOUINS INUITS LAPONS MOINES MONGOLS PAPOUS
6. CARI GOULASH SOMBRERO SUSHIS TORTILLAS
7. BIRMANIE PAKISTAN PÉROU PHILIPPINES POLOGNE
8. GORILLE MANDRILL NASIQUE ORANG-OUTAN PARESSEUX
9. ANGLAIS ARABE ESPAGNOL HINDI MARABOUT
10. BABOUCHE NOURRITURE POISSON SOUK TOURISTE

Que de triangles!

Combien de triangles vois-tu dans cette figure?

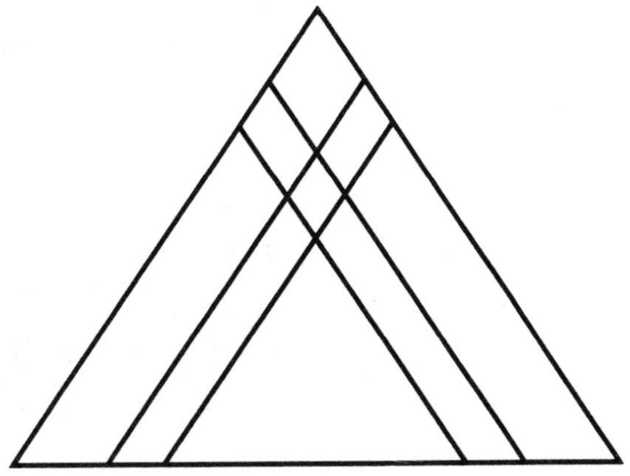

Mot mystère : les pays d'Europe

Charlotte, Émile, Boris et Bottin ont enfin atteint le « vieux continent ». Retrouve dans la grille tous les pays européens de la liste ci-dessous et avec les 17 lettres qui restent, tu pourras former le nom d'un autre pays d'Europe. Une lettre peut servir plus d'une fois.

E	E	I	N	A	M	U	O	R	M	S	K	S	L	B
D	L	A	G	U	T	R	O	P	O	U	R	L	U	E
N	C	M	A	C	E	D	O	I	N	E	A	O	X	I
A	H	O	S	E	R	B	I	E	A	D	M	V	E	V
L	Y	O	S	N	E	O	S	I	C	E	E	A	M	A
N	P	E	N	H	E	N	Y	A	O	E	N	Q	B	L
I	R	C	R	G	Z	I	G	A	B	E	A	U	O	S
F	E	R	G	O	R	V	R	A	U	S	D	I	U	O
S	L	O	V	E	N	I	E	A	M	M	Y	E	R	G
U	I	A	M	A	L	T	E	C	G	E	E	A	G	U
I	N	T	P	O	L	O	G	N	E	L	L	U	P	O
S	A	I	N	T	M	A	R	I	N	R	U	L	N	Y
S	E	E	B	E	L	G	I	Q	U	E	G	B	A	I
E	E	S	P	A	G	N	E	H	C	I	R	T	U	A

Mots à trouver :
Allemagne, Autriche, Belgique, Bulgarie, Chypre, Croatie, Danemark, Espagne, Finlande, Grèce, Hongrie, Luxembourg, Macédoine, Malte, Monaco, Pays-Bas, Pologne, Portugal, Roumanie, Royaume-Uni, Saint-Marin, Serbie, Slovaquie, Slovénie, Suède, Suisse, Yougoslavie.

Mot mystère : _ _ _ _ _ _ _ - _ _ _ _ _ _ _ _ _ _

Ding dong !

Londres ! Quatre heures vont bientôt sonner à la célèbre horloge Big Ben ! Essaie de tracer une ligne droite partageant le cadran en deux de façon qu'en additionnant les heures de chaque moitié, tu obtiennes des sommes identiques.

Défi devinettes

1. Que dit le pain quand on le coupe ?

   ____

2. Combien de tranches de pain peux-tu couper dans un pain entier ?

   ____

3. Quelle quantité de terre un trou de 1 m de diamètre sur 1 m de profondeur contient-il ?

   ____

4. Peux-tu écrire un mot avec ces seules lettres (et en n'utilisant chaque lettre qu'une seule fois !) ?
   UONTM

   ____

5. Bottin et Émile pèsent ensemble 42 kilos. Émile pèse 30 kilos de plus que Bottin. Combien pèse Bottin ?

   ____

Un message déchiré à reconstituer

Ce garde en poste devant le palais de Buckingham, à Londres, vient de trouver par terre des morceaux de papier déchirés. Aide-le à les remettre en ordre pour comprendre le message.

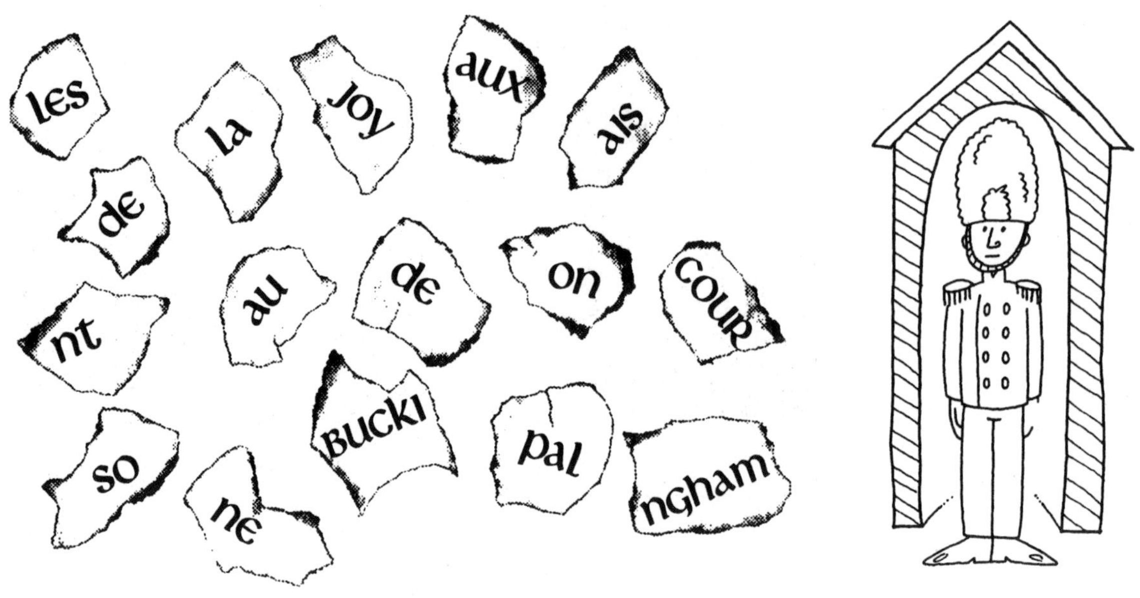

Le quiz des mots en PER

Complète les mots en PER à l'aide des indices, puis mets les lettres des cases grises en ordre pour former un synonyme de voyage.

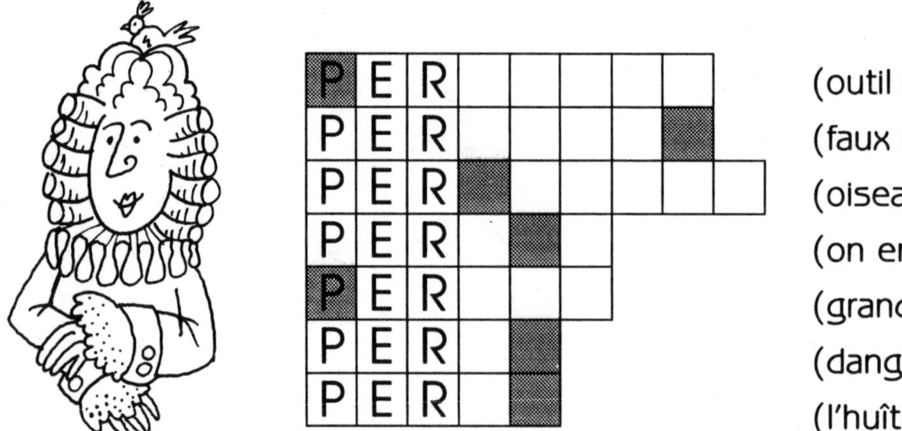

(outil de menuisier)
(faux cheveux)
(oiseau)
(on en mange)
(grand bâton)
(danger)
(l'huître en fabrique)

Solution : _ _ _ _ _ _ _ _

Émile au marché

Dans le panier d'Émile, il y a 25 fruits : 5 pommes de plus que de poires, 8 pommes de plus que de bananes, et 10 pommes de plus que d'ananas. Combien y a-t-il de chaque sorte de fruits ?

pommes : ________

poires : ________

bananes : ________

ananas : ________

Des fruits qui ont du poids

Combien de citrons la marchande devra-t-elle mettre dans la dernière balance pour qu'elle soit équilibrée ?

La traversée de l'Hexagone

On surnomme parfois la France l'« Hexagone », à cause, évidemment, de sa forme (en effet, ce pays semble présenter six côtés). Aide Charlotte, Émile, Boris et Bottin à traverser cet « hexagone » plein d'hexagones.

À ce rythme-là, le voyage risque d'être long!

Petits génies en balade

Si tu réussis à répondre à toutes ces questions, tu es vraiment un champion ou une championne! Même Charlotte et Émile, qui ont pourtant beaucoup voyagé, ne connaissent pas toutes les réponses.

1. Comment s'appellent les habitants du Pérou?

   ____

2. Sur quel continent se trouve le mont Kilimandjaro?

   ____

3. Dans quel pays coule le Gange?

   ____

4. De quel pays Washington est-elle la capitale?

   ____

5. Le Caire est la ville la plus peuplée d'Afrique. Dans quel pays se trouve-t-elle?

   ____

6. Quelle est la capitale du Mexique?

   ____

7. Comment appelle-t-on les habitants de la ville de Pékin?

   ____

8. Dans quel pays se trouve le parc de Yellowstone?

   ____

9. Quel est le pays le plus peuplé du monde?

   ____

10. Sur quel continent se trouve le Machu Picchu?

    ____

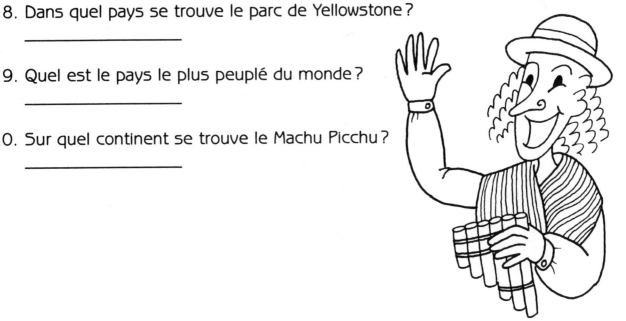

D'étranges photos

Hum, hum ! Charlotte a pris ces deux photos à quelques secondes d'intervalle dans les catacombes de Paris. Mais chose curieuse, 10 petits détails ont changé dans la deuxième photo. Bizarre, bizarre ! Encercle-les.

Jeu de mémoire

Émile, Charlotte, Boris et Bottin logent à l'hôtel du Coin. Lorsqu'ils partent le matin, la femme de chambre vient faire les lits et ranger un peu. Mais elle ne s'attendait pas à avoir autant de travail! Regarde attentivement cette image pendant une minute (sans prendre de notes), puis tourne la page et essaie de répondre aux questions.

Jeu de mémoire (suite)

Dans la chambre d'hôtel, y a-t-il :

- une lampe de poche ? ❑
- une radio ? ❑
- une télé ? ❑
- une robe de chambre ? ❑
- un trousseau de clés ? ❑
- un bouquet de fleurs ? ❑
- un coussin à pois ? ❑
- un réveil ? ❑
- un os ? ❑
- une souris mécanique ? ❑
- deux ours en peluche ? ❑
- des jumelles ? ❑
- un appareil photo ? ❑
- un calendrier ? ❑
- un pyjama rayé ? ❑
- quatre brosses à dents ? ❑

Pareil, pas pareil !

Dans chacune de ces 10 séries de mots, se cachent deux termes qui ont à peu près le même sens. Sauras-tu les découvrir ?

1. aventure détour périple piste voyage
2. baobab forêt jungle liane savane
3. banlieue campagne capitale patelin village
4. auberge café bureau chambre hôtel
5. circuit monument musée parcours théâtre
6. alpinisme sommet escalade montagne versant
7. rive fleuve lit crue berge
8. montgolfière avion deltaplane aéroplane parachute
9. pêcheur yacht rame barque chaloupe
10. selle saut destrier cheval monture

Mots en images au zoo

Émile, Charlotte, Boris et Bottin ont visité le zoo de Vincennes en banlieue de Paris. Remplis la grille avec les noms des animaux illustrés. Les mots s'écrivent tous de gauche à droite ou de haut en bas.

Chiffres à décoder

La cigogne a passé l'été en Alsace et, à l'automne, elle retourne vers le sud. Pour savoir où elle va, déchiffre le code. D'abord, réponds à chacune des questions. Ensuite, classe les réponses par ordre croissant en les reportant sur les tirets au bas. Puis, sous chaque chiffre, écris la lettre de la question à laquelle il correspond. Un mot apparaîtra alors au milieu des lettres et ce sera la destination de la cigogne!

A Nombre de côtés dans un octogone =
B Nombre de jours au mois de juin =
C Nombre de cartes dans un jeu (sans les jokers) =
D Nombre de continents sur Terre =
E Nombre de 25 ¢ pour faire 6,25 $ =
F Nombre de planètes dans notre système solaire =
G Nombre de jours dans 1/2 année bissextile =
H Nombre de grosses pinces chez le homard =
I Nombre d'heures dans la moitié d'un jour =
J Nombre de lieues que faisait à chaque pas le Petit Poucet avec ses bottes =
K Nombre de dents chez le nouveau-né (habituellement) =
L Nombre de centilitres dans 1,32 litre =
M Nombre de roues sur un triporteur =
N Nombre d'unités dans 4 douzaines =
O Nombre de feuilles sur un trèfle porte-bonheur =
P Nombre d'yeux chez le cyclope =
Q Nombre de 5 ¢ pour faire 65 ¢ =
R Nombre de centimètres dans 1 décimètre =
S Nombre de pattes chez la fourmi - 1 =
T Nombre de voleurs dans « Ali Baba » =
U Nombre de pions noirs dans un jeu d'échecs :

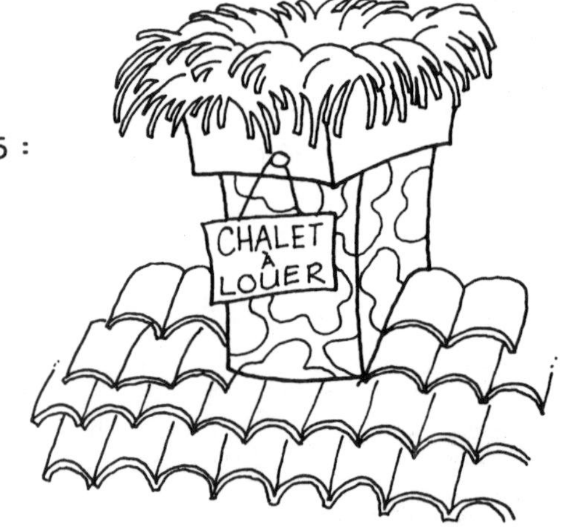

_ _
les réponses par ordre croissant

_ _
les lettres correspondantes

Le message de la cigogne

Pour savoir ce que raconte cette cigogne à ses petits, traverse le labyrinthe en formant une phrase cohérente. Partant de la flèche, tu dois te déplacer à l'horizontale ou à la verticale, jamais en diagonale.

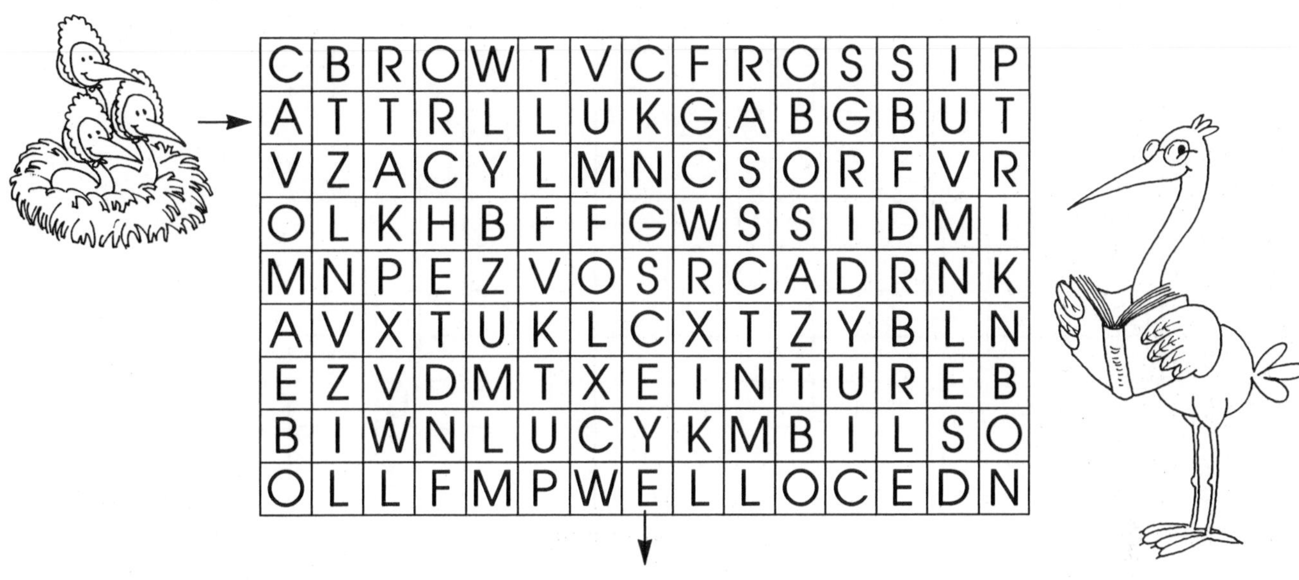

C	B	R	O	W	T	V	C	F	R	O	S	S	I	P
A	T	T	R	L	L	U	K	G	A	B	G	B	U	T
V	Z	A	C	Y	L	M	N	C	S	O	R	F	V	R
O	L	K	H	B	F	F	G	W	S	S	I	D	M	I
M	N	P	E	Z	V	O	S	R	C	A	D	R	N	K
A	V	X	T	U	K	L	C	X	T	Z	Y	B	L	N
E	Z	V	D	M	T	X	E	I	N	T	U	R	E	B
B	I	W	N	L	U	C	Y	K	M	B	I	L	S	O
O	L	L	F	M	P	W	E	L	L	O	C	E	D	N

La phrase cachée : ______________________________ !

Méli-mélo : d'une capitale à l'autre

Complète la grille avec les noms des sept capitales suivantes et tu découvriras dans les cases grises le plus petit État d'Europe et même du monde (il compte moins de 1000 habitants !).

NNEEIV (Autriche)
AIDRDM (Espagne)
AMATRSEMD (Pays-Bas)
BUINLD (Irlande)
HOMLSCKOT (Suède)
SIAPR (France)
LIEBRN (Allemagne)

Supergrille : le château fort

Émile, Charlotte, Boris et Bottin visitent un château du Moyen Âge. Avec les mots de la liste, complète la grille.

U -

Mots à trouver :

3 lettres : écu, mur, roi
4 lettres : cour, dame, page, tour
5 lettres : épées, herse, joute, lance, toits
6 lettres : blason, donjon, douves, écuyer
7 lettres : banquet
8 lettres : chapelle, cheminée, créneaux, destrier, échanson, escalier, muraille, seigneur, tourelle, tournois
9 lettres : chevalier, oriflamme, oubliette, serviteur
10 lettres : meurtrière, pont-levis
11 lettres : mâchicoulis

Horaire mystère

Avec les indices, peux-tu déterminer l'heure du départ du vol 714, les portes pour les vols 747 et 714, le numéro du vol en provenance de Munich, l'heure d'arrivée du vol 312, les portes pour les vols 299 et 312 ?

DÉPARTS		PORTE
Tokyo 301	17h03	6 a
Bruxelles 813	17h05	12 e
Amsterdam 747	17h08	
Madrid 629	17h13	24 o
Varsovie 131	17h21	30 u
Sydney 714		
ARRIVÉES		
Berlin 247	17h22	21 t
Brasilia 260	17h26	19 s
Munich	17h32	17 r
Paris 286	17h36	15 q
New York 299	17h42	
Hong Kong 312		

Devinettes

1. Qu'ont en commun 96, 9116 et 9696 ?

____

2. Comment ferais-tu pour obtenir 11 avec seulement trois 3 ?

3   3   3

____

3. Pourquoi la girafe a-t-elle un long cou, des taches et une petite queue ?

____

À vol d'avion

Grâce aux indices et à ta patience, tu trouveras certainement le propriétaire de chacun des champs ci-dessous! Inscris son nom au bon endroit. (Attention : les voisins sont ceux dont les champs se touchent.)

A. Jonas et Pierre ne peuvent entrer dans leurs champs que par le chemin du Vallon.
B. Caroline et Paulo entrent dans leurs champs par la route des Vignobles ou le chemin du Vallon.
C. Émilienne n'a pas de vignoble.
D. Valérie a un verger.
E. Jeannot vient de retourner la terre de son champ.
F. Sandrine ne peut entrer dans son champ que par la route des Vignobles.
G. Marius, qui va faire du vin, a deux voisines.
H. Le champ de Jacquet est entre celui de Jonas et celui de Jeannot.
I. Paulo n'a qu'une voisine.
J. Marie-Josée n'a qu'un voisin.
K. Louis est éleveur et il a deux voisines.
L. Émilienne n'a qu'une voisine.

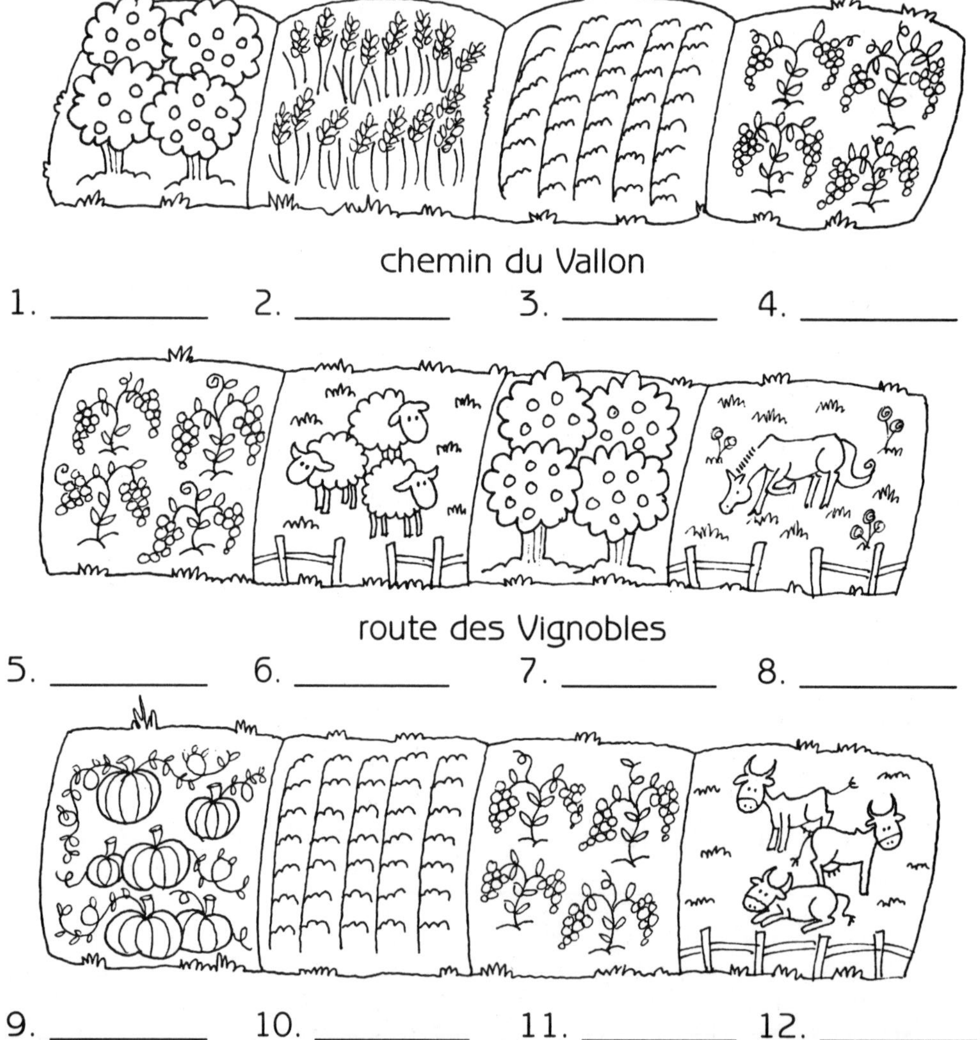

Maniaque du détail !

Trouve dans cette grille les détails des cases V, W, X, Y, Z.

À vos crayons ! Prêts ! Partez !

Essaie de former des mots de quatre lettres et plus avec les lettres de la grille. Tu ne peux utiliser une lettre plus d'une fois par mot et les lettres doivent se toucher. Par exemple, tu pourrais faire ÉMOI, mais pas MUET ni MOTO.

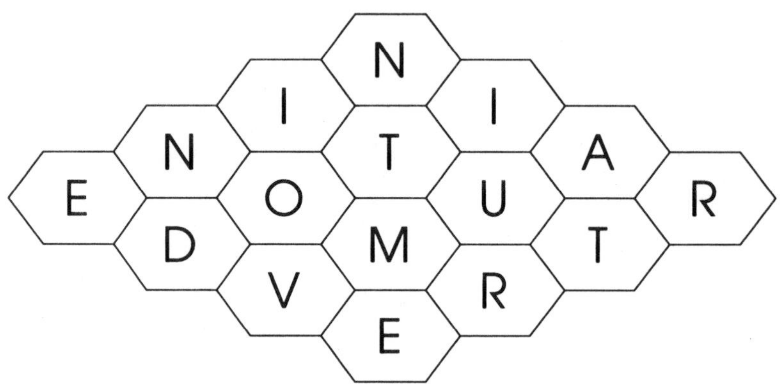

mots de 4 lettres	mots de 5 lettres	mots de 6 lettres	mots de 7 lettres
______	______	______	______
______	______	______	______
______	______	______	______
______	______	______	______
______	______	______	______
______	______	______	______
______	______		
______	______		
______			

Pickpockets à l'œuvre : gare à vos poches !

Dans cette rue bondée, Émile et Charlotte doivent se méfier ! Trouve les 10 pickpockets qui se dissimulent habilement ici et là. Lola Laventure perdra-t-elle son nouveau passeport ?

Cafouillis à la corrida

Nos quatre voyageurs préférés, Émile, Charlotte, Boris et Bottin, assistent à une corrida enlevante. Trouve l'escargot, les trois souris, les ciseaux, la clé, la pipe, le livre, la cloche, l'épingle, le marteau et le pinceau. Vois-tu Lola Laventure* ?

*Tu ne sais plus à quoi elle ressemble ? Va voir son passeport à la page 9.

Visite guidée dans les grottes

Oh! oh! une fresque paléolithique! D'après toi, combien y a-t-il de mains dessinées sur cette paroi?

Et maintenant,
en route pour l'Italie,
la Grèce et puis l'Europe de l'Est!

Un été chaud !

Voici une tablette d'argile retrouvée chez un collectionneur d'antiquités. Selon le marchand qui la lui a vendue, elle aurait appartenu à un négociant romain et daterait de l'an 52 av. J.-C. Il s'agirait d'un compte rendu de tout ce que le négociant aurait vendu au cours de cet été-là. (Hum ! se pourrait-il que le collectionneur se soit fait passer un faux ?) Essaie de trouver quelle quantité de chaque objet le négociant aurait vendue.

Voici les chiffres romains :

I = 1	VI = 6	L = 50	Y = 5000
II = 2	VII = 7	C = 100	$\overline{M}$ = 1 000 000
III = 3	VIII = 8	D = 500	
IV = 4	IX = 9	M = 1000	
V = 5	X = 10		

Exemple : MCCCXXXVIII = 1338

YCCVIII ____________

MCCCXXV ____________

LXXXII ____________

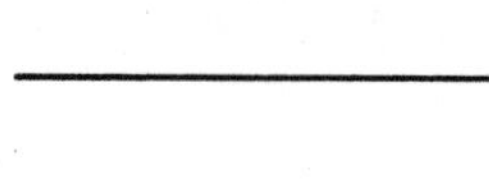

DCCLXXII ____________

MMMDXXXII ____________

XIV ____________

$\overline{M}\overline{M}$MMXXV ____________

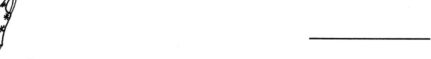

LVIII ____________

Les crayons ont bonne mine

Miracle! En déplaçant un seul crayon, cette équation deviendra correcte. (Si tu ne connais pas les chiffres romains, va voir à la page précédente.)

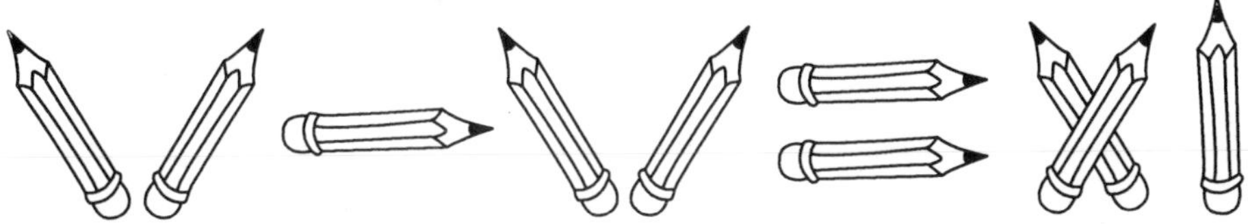

En déplaçant deux crayons dans chacune de ces équations, celles-ci deviendront justes!

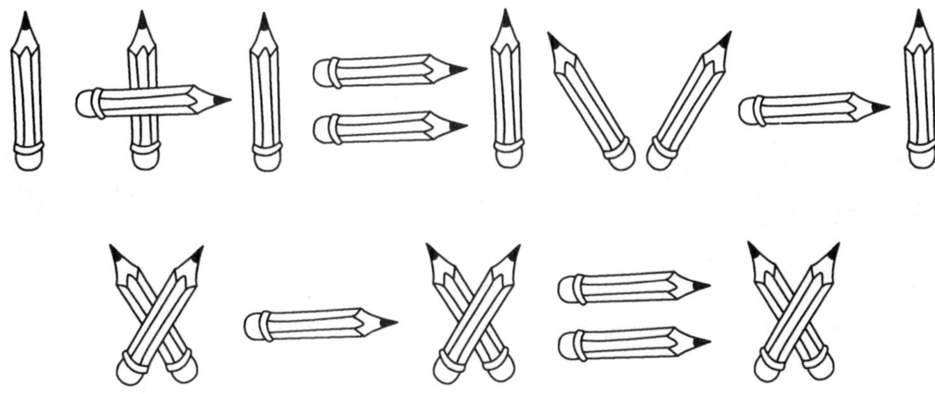

Casse-méninges

1. La chaîne de Charlotte s'est cassée! Combien d'anneaux au moins le bijoutier doit-il couper pour la refaire?

2. Un père donne à son fils 15 poulets, tandis qu'un autre père donne à son fils 10 poulets. Pourtant, à la fin, les deux fils n'ont que 15 poulets à eux deux. D'après toi, que s'est-il passé? (Non, ils n'ont pas mangé les poulets!)

La mosaïque mystère

Autrefois, les Romains décoraient les murs de gigantesques mosaïques colorées. Noircis les cases qui contiennent une croix et tu sauras ce que cache cette mosaïque mystère.

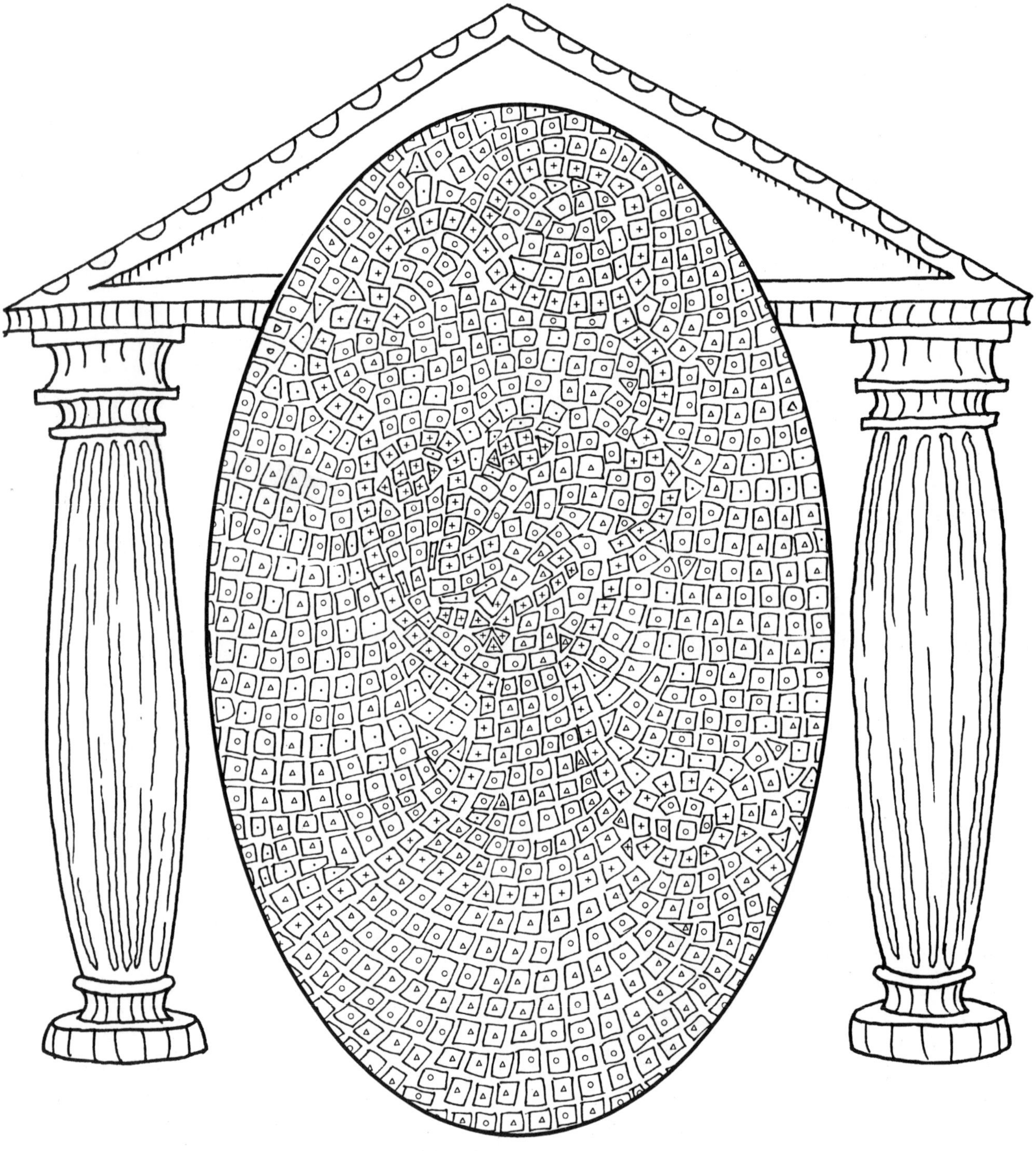

C… comme cinéma : silence, on tourne !

Nous voici à « Cinecitta », la cité du cinéma à Rome. Le grand cinéaste Scollini tourne *Les trois mousquetaires*. Trouve au moins 20 mots en C qui se cachent sur ce plateau. Et n'oublie pas Lola Laventure, qui met toujours son nez partout.

Les frises grecques

Reproduis ces motifs et tu obtiendras de belles frises grecques.

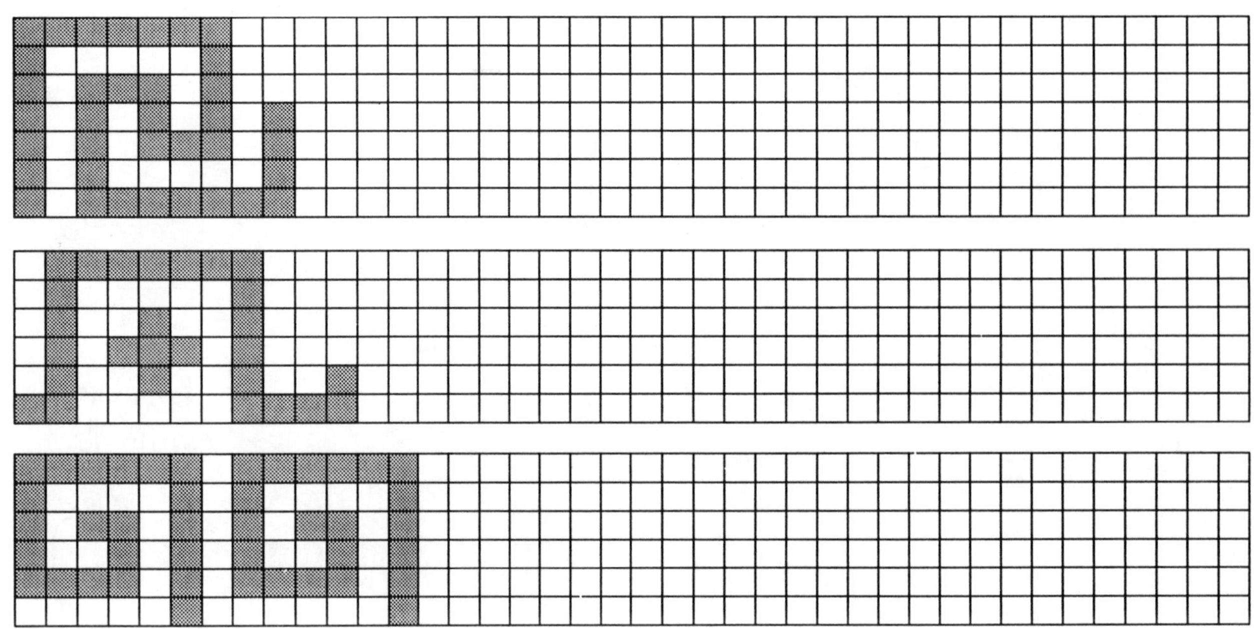

Chacun à sa place

Dans cette étoile, seuls les chiffres des pointes sont inscrits. Tu dois trouver les chiffres manquants (ils ne dépassent pas 12) pour que la somme des quatre chiffres de chaque ligne soit 26. Un chiffre ne revient jamais deux fois.

Casse-tête archéologique

Parmi tous les tessons trouvés par Boris en creusant, trouve ceux qui ne serviront pas à reconstituer ce vase.

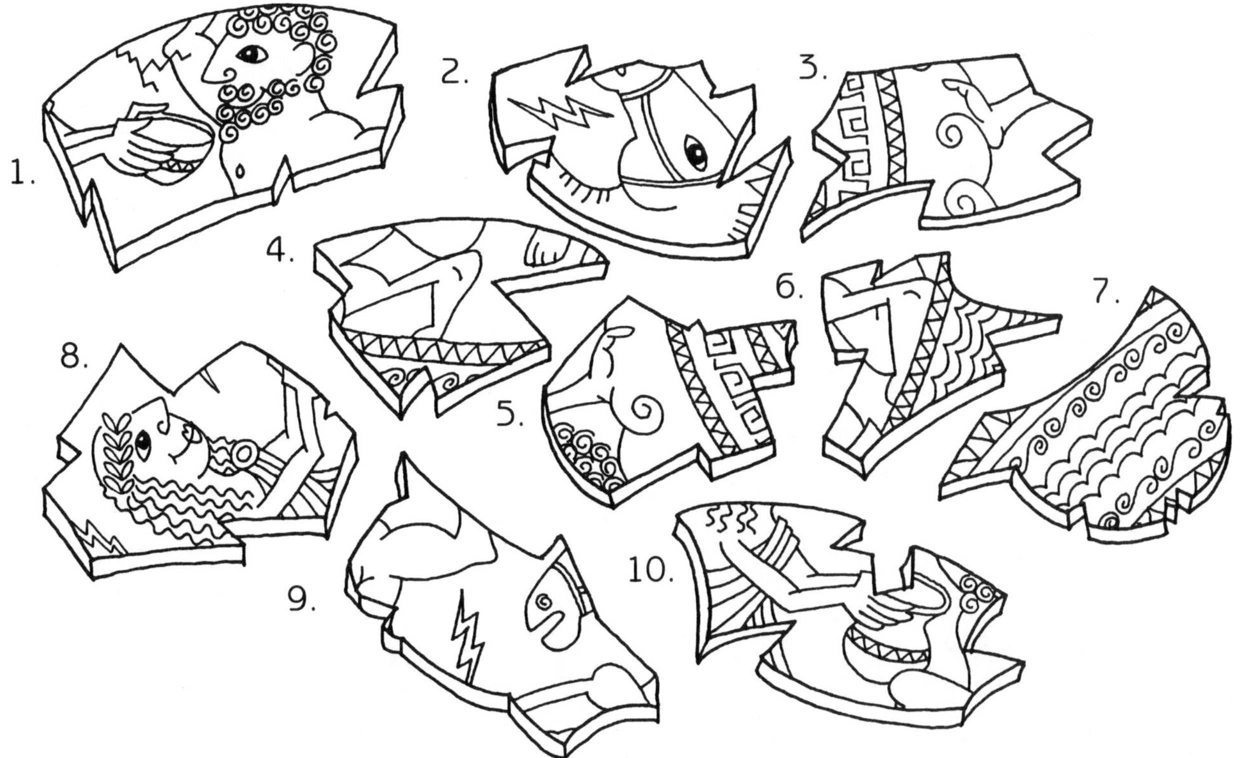

Un horaire serré

Charlotte et Émile ont tout un problème sur les bras pour aller à Brdj.
Le train n° 1 part de Zbrsk à 14h02. Il roule à 120 km/h, mais s'arrête 5 fois (15 minutes chaque fois).

Le train n° 2 part de Zbrsk à 15h00. Il roule à 160 km/h, mais il fait deux arrêts de 30 minutes et un autre de 18 minutes.

Le train n° 3, qui part de Zbrsk à 14h04, est un vrai escargot : il roule à 96 km/h. Par contre, il ne s'arrête qu'une seule fois pendant 5 minutes.

Puisque le trajet est de 480 km entre Zbrsk et Brdj, lequel de ces trains nos voyageurs devront-ils prendre s'il veulent arriver à Brdj avant 19h15 ?

Heure d'arrivée du train n° 1 ____________
Heure d'arrivée du train n° 2 ____________
Heure d'arrivée du train n° 3 ____________

Il faut prendre le train n° ____________ .

Un peu de logique !

Pour les grandes occasions, les femmes berbères se décorent les mains avec une teinture naturelle. Observe attentivement les deux premières séries de mains peintes, puis complète la troisième série avec la main appropriée.

1  

2 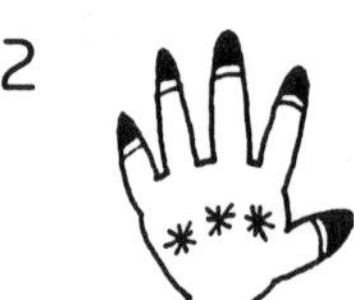  

3  

A 

B 

C 

D 

E 

Folklore en folie

Un grand vent a soufflé sur le site du festival de folklore de Starznice tout juste avant le gala d'ouverture! Redonne à chacun des danseurs et danseuses son bon costume.

1. Japon

2. Écosse

3. Espagne

4. Russie

5. Thaïlande

Perdue dans une poupée russe

Une seule de ces « matriochkas » renferme la bague qu'a perdue la marchande de souvenirs. C'est celle qui comporte au moins un détail de chacune des autres poupées. Peux-tu la découvrir ?

1

2

3

4

5

6

7

8

Riche ! Riche !

D'après ces indices, trouve combien d'argent Charlotte a dans son porte-monnaie. Lequel des trois souvenirs au bas de la page pourra-t-elle acheter ?

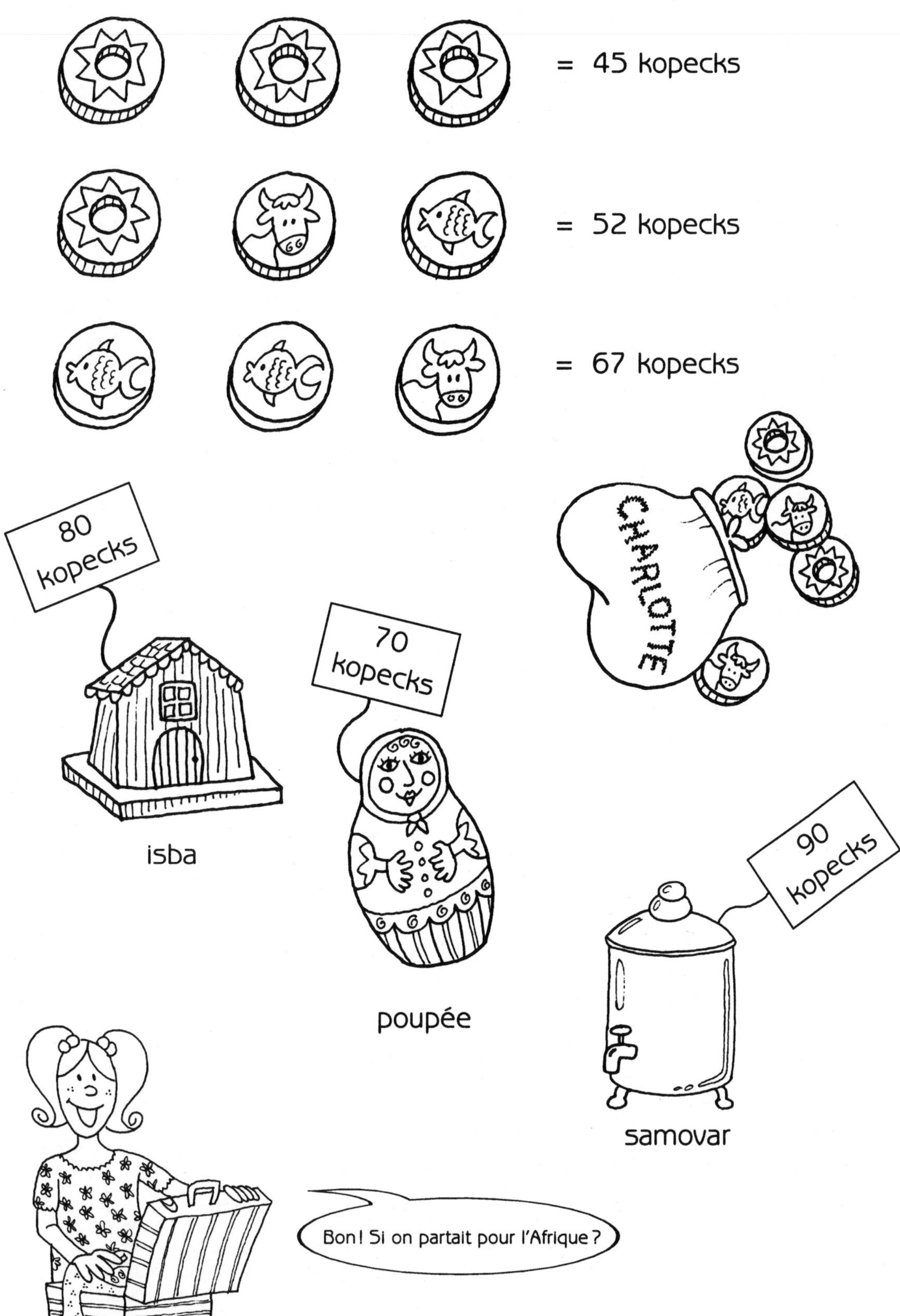

Visite d'un souk de Tunis

Que de marchands, de badauds et de touristes dans ce marché tunisien! Trouve au moins 15 choses dont le nom commence par T... et Lola Laventure, qui, une fois de plus, passe sans que Charlotte, Émile, Boris et Bottin la voient...

Les casse-méninges des caméléons

Mohammed Ben Ali, le marchand d'épices, garde des caméléons dans sa boutique. C'est bien pratique pour se débarrasser des mouches!

1. Un matin, son caméléon préféré capture un très grand nombre de mouches. Mohammed se dit alors: «S'il en attrape le quart de ce nombre cet après-midi, il en aura attrapé 100 dans la journée et je lui offrirai une belle récompense!» Combien le caméléon a-t-il attrapé de mouches le matin?

____

2. Si 10 caméléons attrapent 10 mouches en 10 minutes, combien de temps faudra-t-il à 50 caméléons pour attraper 50 mouches?

____

3. Le caméléon Léon est plus vieux que le caméléon Noël, qui lui est plus jeune que le caméléon Lone, qui lui-même est plus vieux que le caméléon Léon. Lequel des trois est le plus vieux caméléon?

____

4. Les caméléons Noël et Léon ont attrapé beaucoup de mouches. Si Léon donne une de ses mouches à son compère, il en aura deux fois moins que lui. Si Noël donne une de ses mouches à Léon, les deux caméléons auront le même nombre de mouches. Combien de mouches chacun des deux caméléons a-t-il attrapées? (Un indice: en tout, ils en ont attrapé moins de 15.)

Noël: ____________ Léon: ___________

Le labyrinthe de la casbah

Émile, Charlotte, Boris et Bottin doivent absolument trouver la sortie sans rencontrer personne et sans passer sous aucune échelle (il paraît que ça porte malheur). Aide-les un peu, car ils ne s'en sortiront jamais tout seuls!

Incroyable, mais vrai !

1. La baleine grise est le mammifère qui effectue la plus longue migration. Elle parcourt :
   1250 km ❑ 2000 km ❑ 8300 km ❑ 9600 km ❑

2. Les déserts gagnent du terrain. Chaque année, les étendues désertiques s'accroissent de :
   3000 km² ❑ 6000 km² ❑ 30 000 km² ❑ 60 000 km² ❑

3. La forêt amazonienne ne cesse de diminuer à cause de la coupe de bois. Elle recule chaque année de :
   25 000 km² ❑ 35 000 km² ❑ 40 000 km² ❑ 50 000 km² ❑

4. Le cachalot peut plonger jusqu'à environ :
   50 m ❑ 200 m ❑ 1000 m ❑ 2000 m ❑

5. Le record de longévité d'une tortue terrestre est de plus de :
   50 ans ❑ 75 ans ❑ 150 ans ❑ 175 ans ❑

6. La libellule peut voler à plus de :
   40 km/h ❑ 60 km/h ❑ 80 km/h ❑ 200 km/h ❑

7. Le cachalot peut retenir son souffle jusqu'à :
   30 min ❑ 45 min ❑ 75 min ❑ 85 min ❑

8. Quel pourcentage des insectes du globe les forêts tropicales abritent-elles ?
   50 % ❑ 65 % ❑ 75 % ❑ 80 % ❑

9. Le plus vieil arbre vivant au monde, un pin de Californie, a environ :
   2600 ans ❑ 3600 ans ❑ 4200 ans ❑ 4600 ans ❑

10. Le plus petit arbre du monde est un saule herbacé qui pousse en haute altitude. Il ne mesure que :
    2 cm ❑ 3 cm ❑ 4 cm ❑ 5 cm ❑

Question de pieds...

À l'aide des images, essaie de trouver ces huit expressions connues.

1.

2.

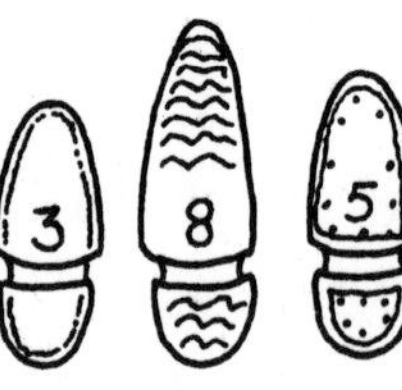

3.

4.

5.

6.

7.

8.

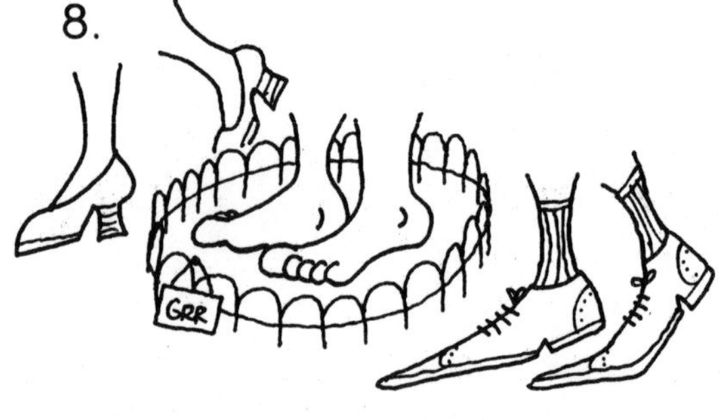

 Supergrille : le désert 

Les déserts occupent environ 20 % des terres du globe! Complète la grille avec les mots de la liste ci-dessous.

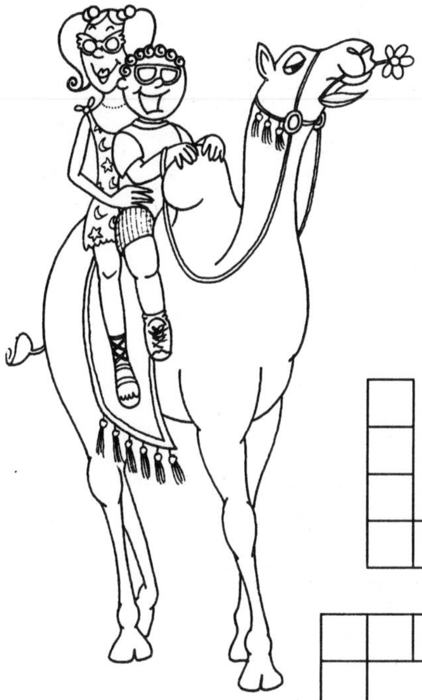

Mots à trouver :

- 2 lettres : os
- 3 lettres : âne, sel
- 4 lettres : dune, oued
- 5 lettres : oasis, sable
- 6 lettres : Arabie, cactus, dattes, roches, Sahara, simoun, tentes
- 7 lettres : chameau, chèvres, crotale, mirages, Namibie, nomades, pétrole, sirocco, tempête
- 8 lettres : Bédouins, Berbères, caravane, Kalahari, scorpion, touaregs
- 9 lettres : palmeraie
- 10 lettres : dromadaire

Une heureuse rencontre

Épuisés et assoiffés après des heures de marche dans le désert d'Arabie, Charlotte, Émile, Boris et Bottin sont ravis de rencontrer enfin quelqu'un ! Ils le seraient encore plus s'ils comprenaient ce que dit ce sympathique personnage. À l'aide du code, déchiffre le message.

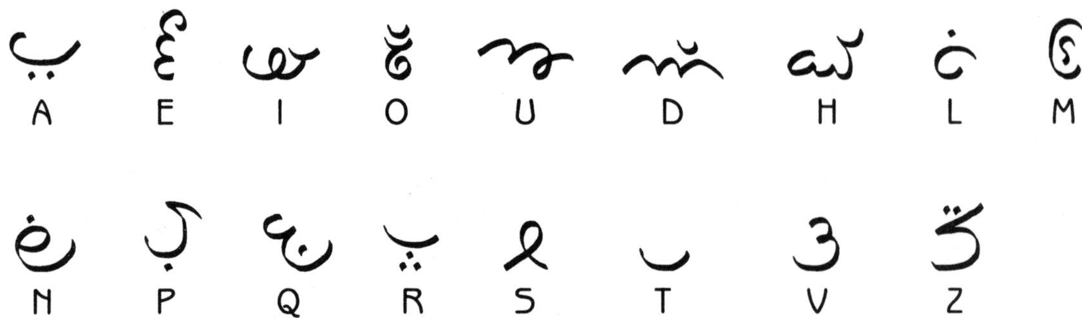

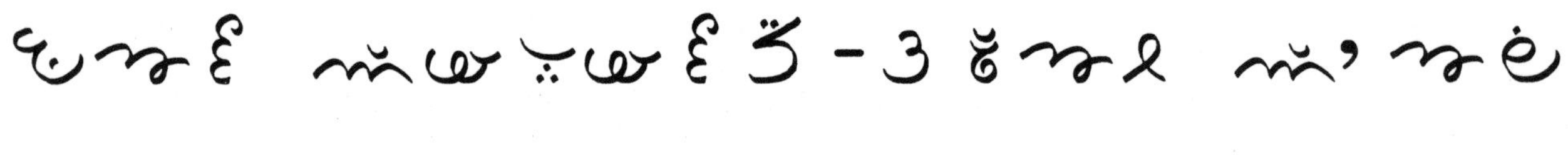

_ _ _   _ _ _ _ _ _ _   _ _ _ _ _   _   _ _

_ _ _ _ _   _ _ _ _ _ _   _ _   _ _ _

_   _ _   _ _ _ _ _ _ _ ?

Villes du bout du monde

Complète chaque nom de ville avec un groupe de lettres de la colonne de droite.

TOM _ _ _ CTOU	MAN
KAT _ _ _ DOU	GAD
OUA _ _ _OUGOU	DAD
BAG _ _ _	TOK
_ _ _YO	BOU
SIN _ _ _ OUR	GAP
_ _ _ CUTTA	GAN
NA _ _ _ O	ONG
BRASI _ _ _	LIA
HONG K _ _ _	CAL
SHANG _ _ _	HAÏ

Ani-mots

Pour chaque liste, trouve le nom d'un animal avec lequel tu pourras compléter les mots.

_ _ _ _ _ELAIN
_ _ _ _ _EAU
_ _ _ _ _AIGNE
CRA_ _ _ _ _
_ _ _ _ _OUILLE
_ _ _ _ _IMENT

_ _ _ _UIN
_ _ _ _UILLE
BI_ _ _ _UE
_ _ _ _UET
_ _ _ _UELICOT
_ _ _ _UERELLE

G_ _ _ _TOIR
_ _ _ _ION
KA_ _ _ _É
_ _ _ _ISSER
_ _ _ _EAU
OPÉ_ _ _ _EUR

_ _ _ _GE
TOU_ _ _ _
POM_ _ _ _R
ES_ _ _ _GLE
SOU_ _ _ _RE
CROU_ _ _ _R

C_ _ _ _TTE
CAB_ _ _ _
BAN_ _ _ _
M_ _ _ _GE
SULT_ _ _ _
SARBAC_ _ _ _

Les drapeaux étoilés

2

À la douane camerounaise, on demande à Charlotte et à Émile de trouver, parmi tous ces drapeaux, celui du Cameroun. Aide-les un peu en te servant des indices au bas de la page!

A

B

C

D

E

F

G

H

I

Le drapeau du Panama est entre celui du Chili et celui du Burundi et sous celui de la Chine.
Le drapeau du Chili n'a qu'une étoile et est au-dessus de celui de la Corée du Nord.
Le drapeau de l'Algérie est sous celui du Burundi et à côté de celui du Burkina-Faso.
Le drapeau de la Nouvelle-Zélande a plus de trois étoiles.
Le drapeau de la Chine est à côté de celui de la Nouvelle-Zélande.

Choses et bêtes à trouver dans la savane

De passage en Tanzanie, Charlotte a entraîné Émile, Boris et Bottin dans un safari-photo au parc national Serengeti. Aide-les à trouver des choses intéressantes à photographier : une lionne, un zèbre, une gazelle, deux babouins, une girafe, un flamant rose, un rhinocéros, un serpent et... Lola Laventure !

Savant décompte dans la savane...

À l'aide de ces indices, trouve quel nombre (de 1 à 4) chacun des animaux représente.

= ________ = ________ = ________

Ribambelle de rébus

Essaie de déchiffrer ces rébus

G V Q  bbbbbb  .

É 1000 100 VA DAN  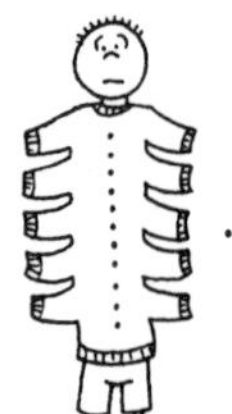 .

RV 100    RI / MI .

mon mon mon / mon mon mon A / prix 10 É O P  .

Cache-cache : les animaux voyageurs

Chacune des séries de mots ci-dessous contient le nom d'un animal qui migre à un moment ou un autre de l'année. Pour le trouver, choisis dans chaque mot deux lettres qui se suivent, puis mets-les bout à bout. Les indices t'aideront sûrement! (Ne tiens pas compte des accents.)

Exemple :
THAÏ
P**ON**T
solution : thon

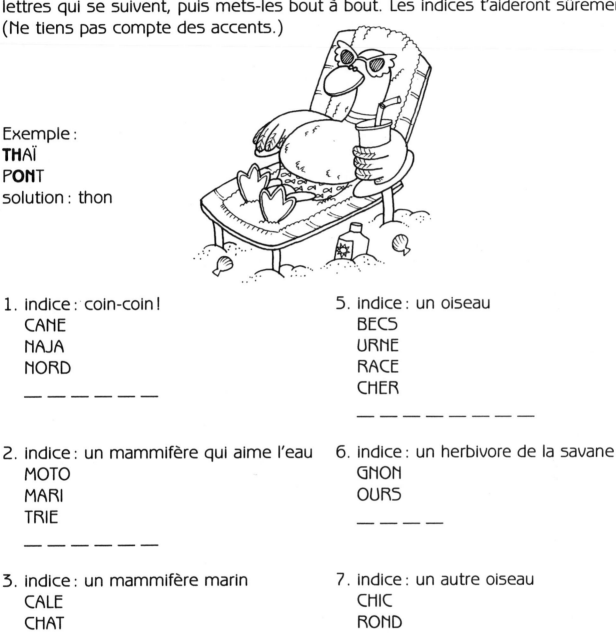

1. indice : coin-coin!
   CANE
   NAJA
   NORD
   _ _ _ _ _ _

2. indice : un mammifère qui aime l'eau
   MOTO
   MARI
   TRIE
   _ _ _ _ _ _

3. indice : un mammifère marin
   CALE
   CHAT
   PALE
   VOTE
   _ _ _ _ _ _ _ _

4. indice : un poisson
   SAUT
   PUMA
   PAON
   _ _ _ _ _ _

5. indice : un oiseau
   BECS
   URNE
   RACE
   CHER
   _ _ _ _ _ _ _ _

6. indice : un herbivore de la savane
   GNON
   OURS
   _ _ _ _

7. indice : un autre oiseau
   CHIC
   ROND
   ONDE
   ELLE
   PILE
   _ _ _ _ _ _ _ _ _ _

8. indice : encore un oiseau!
   STUC
   CERF
   ÂNES
   _ _ _ _ _ _

Prisonniers de la pyramide

Que c'est beau, l'Égypte! Malheureusement, nos quatre voyageurs se trouvent dans la chambre funéraire du pharaon en plein cœur de la pyramide. Pourront-ils sortir de ce dédale de couloirs? Espérons-le, car ils ont autre chose à faire que de finir leurs jours dans un tombeau: ils doivent retrouver Lola Laventure. Sers-leur de guide!

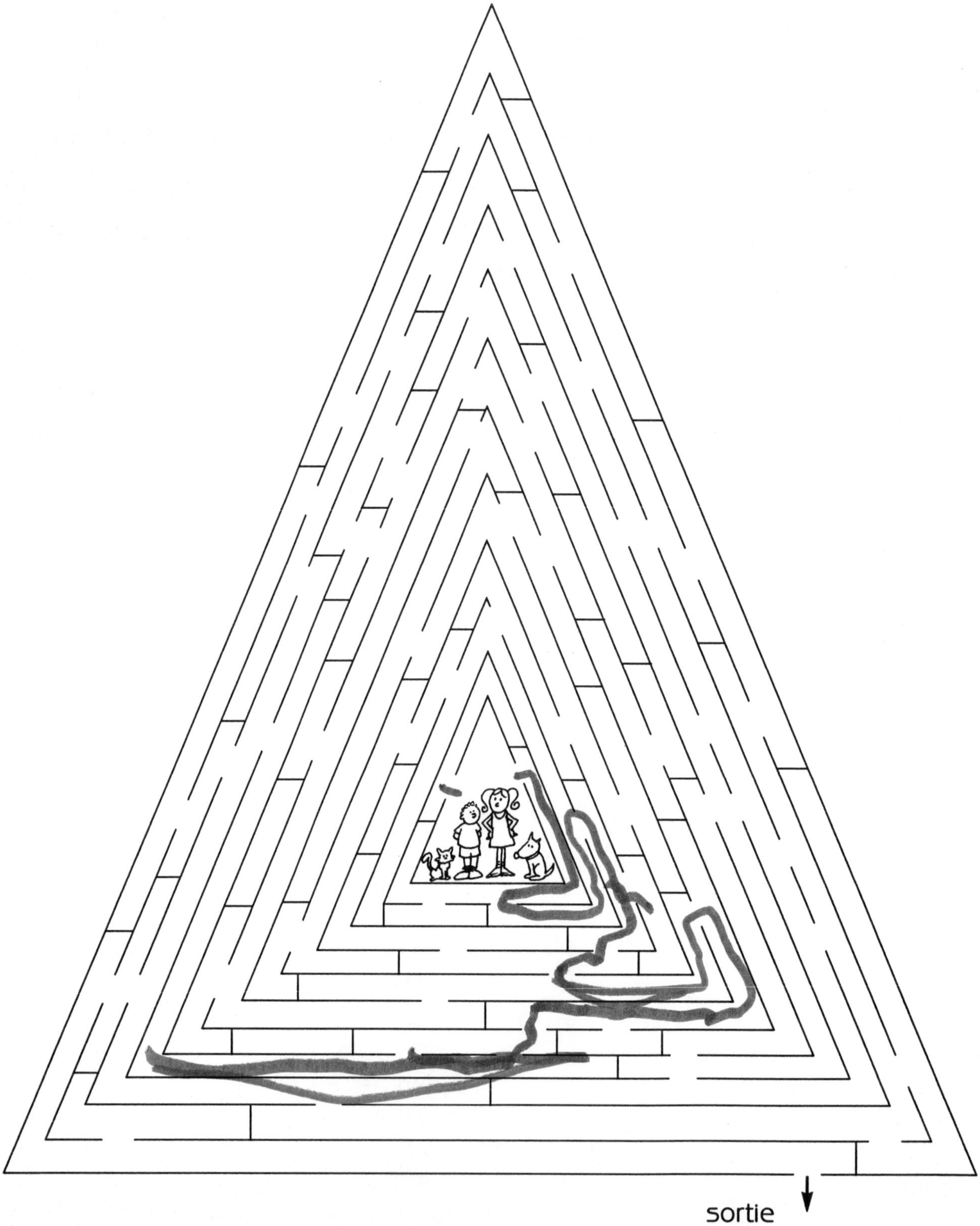

sortie

La pyramide de chiffres

Sur cette pyramide, le nombre gravé dans une pierre est la somme des nombres gravés dans les deux pierres sur lesquelles elle repose. Complète la pyramide avec les bons chiffres et tu sauras à quelle hauteur est monté Boris (c'est la somme des hauteurs des pyramides de Khéops et de Khéphren).

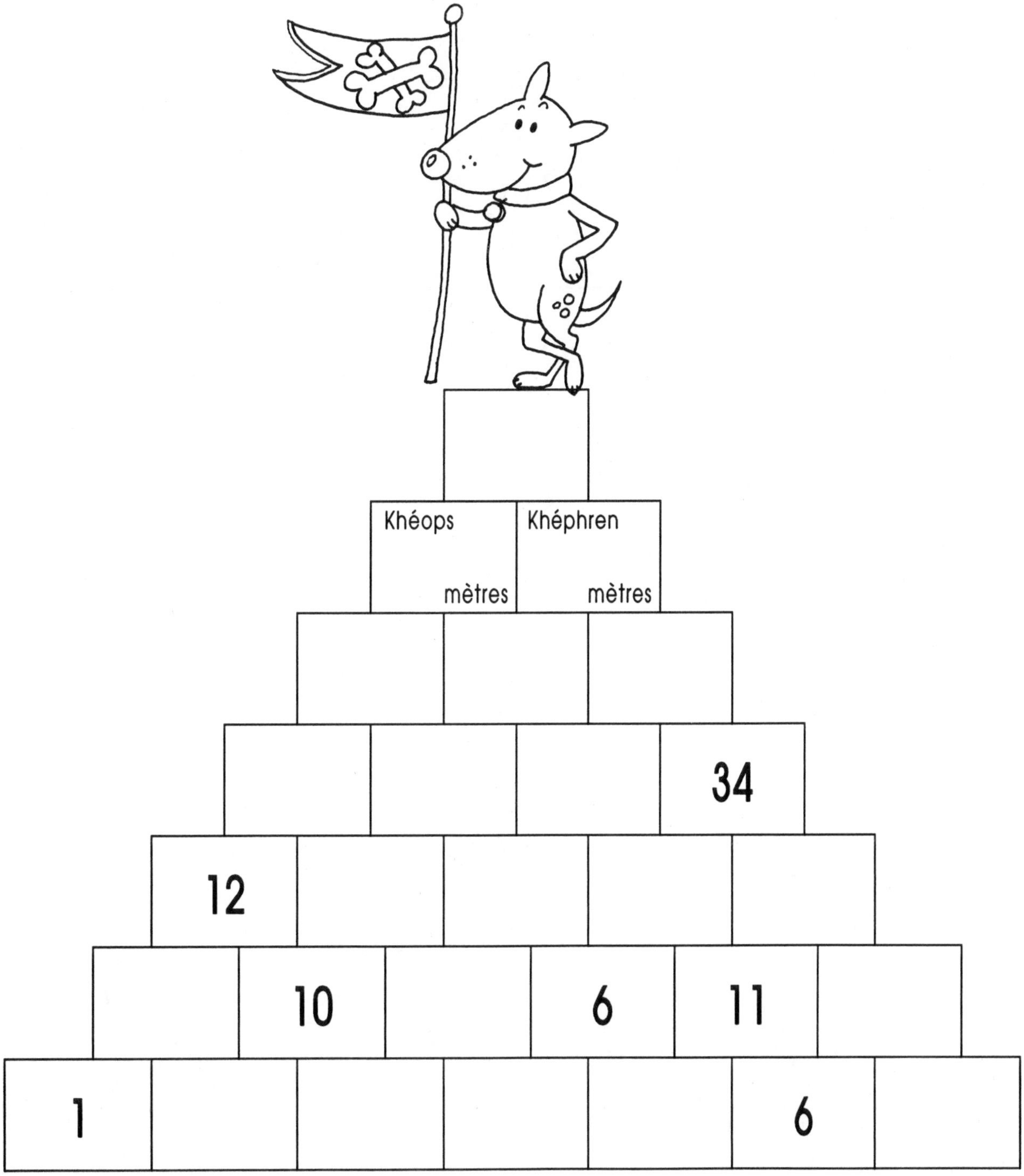

Khéops ... mètres | Khéphren ... mètres

34

12

10 | 6 | 11

1 | 6

La fresque égyptienne

1

Le chat Bottin admire une belle fresque. Mais un des personnages s'est effacé avec le temps! Observe bien les personnages au bas et choisis celui qui devrait compléter la fresque.

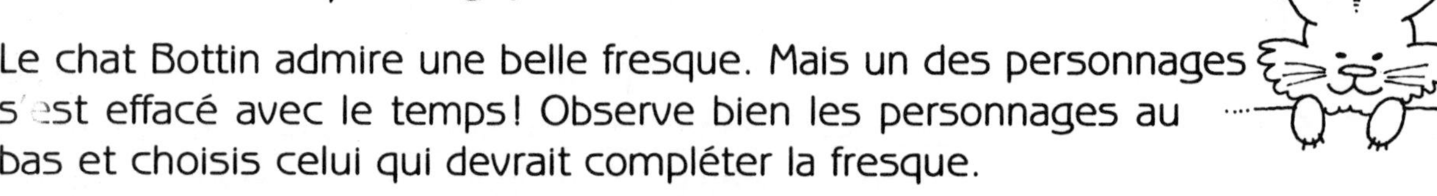

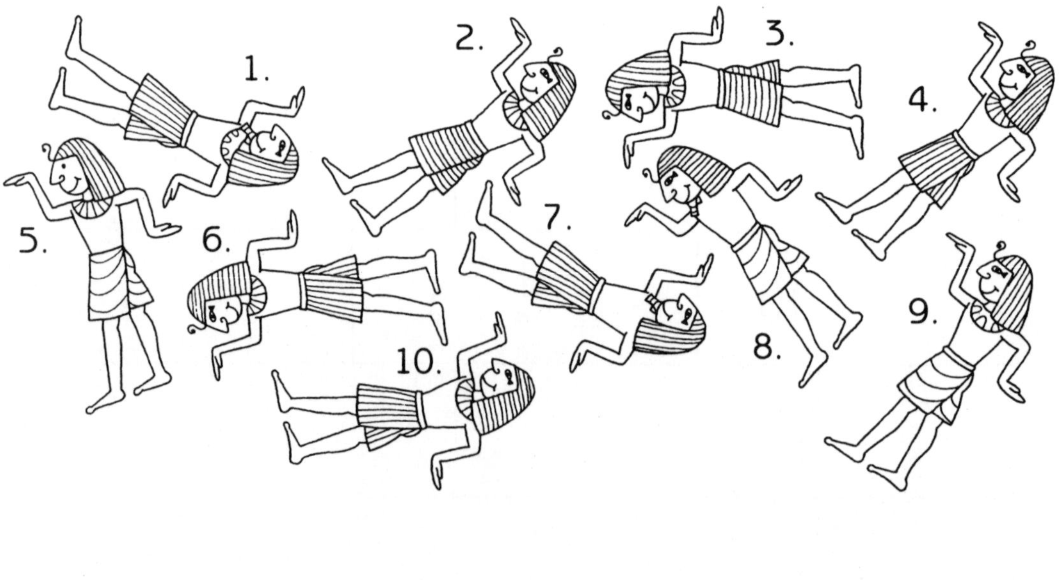

Scribe à l'œuvre !

Aide le scribe à inscrire sur sa tablette les prises de guerre du pharaon.

𓏺 = 1	𓆼 = 1000	𓁨 = 1 000 000
𓎆 = 10	𓂭 = 10 000	
𓍢 = 100	𓆐 = 100 000	

Exemple : 1897 poulets

1. 2822 buffles

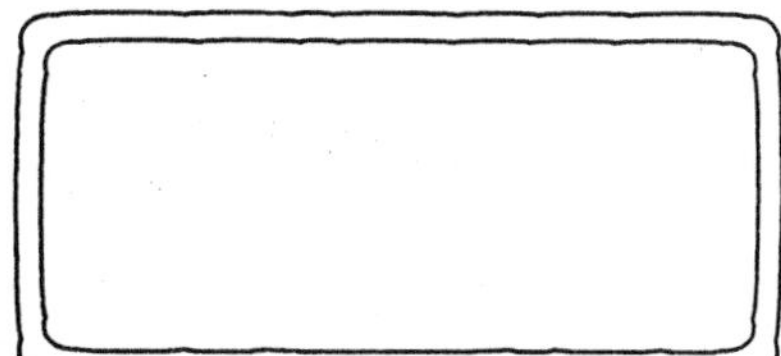

2. 398 chèvres

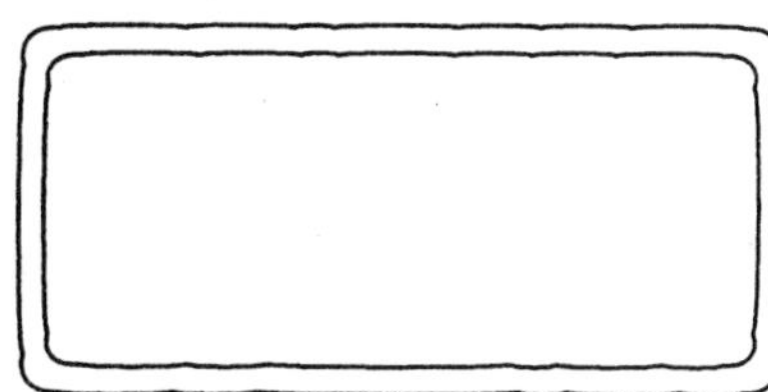

3. 4035 esclaves

4. 1 045 035 œufs

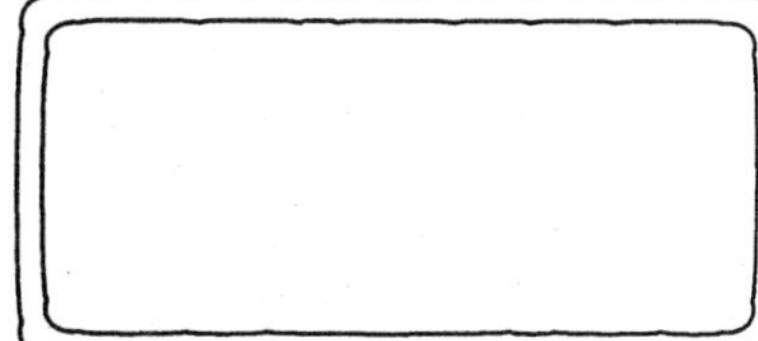

5. 1 402 338 épis de blé

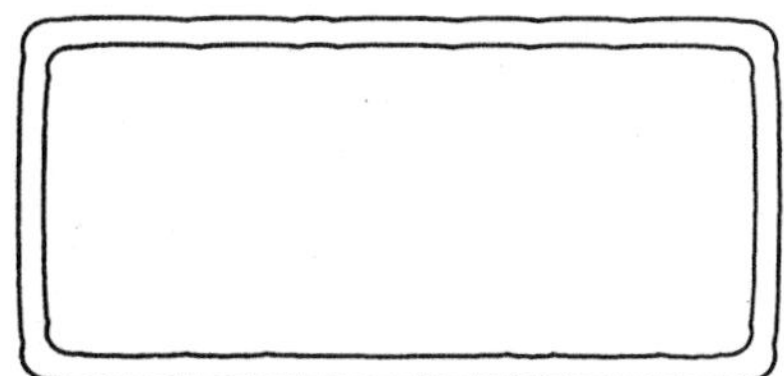

La grille des « Mille et une Nuits »

Dans les contes des *Mille et une Nuits*, la princesse Schéhérazade devait chaque soir raconter une histoire nouvelle au roi de Perse. Parmi les mille et une aventures qu'elle lui raconte, se trouvent celles d'Aladin et celles d'Ali Baba, que tu connais sûrement. À l'aide des indices et, bien sûr, de tes connaissances, essaie de remplir la grille.

1. Le vizir qui enlève Aladin en est un, et il fait de la magie.
2. Il sort de la lampe quand Aladin la frotte.
3. Après avoir frotté la lampe merveilleuse, Aladin peut en faire trois.
4. Il a combattu 40 voleurs.
5. Ce que doit faire Aladin pour faire apparaître le génie.
6. Ali Baba y découvre un trésor.
7. Ils sont 40.
8. Aladin et Ali Baba en ont tous les deux trouvé un.
9. Celui d'Aladin était volant.
10. Le nombre de souhaits que peut faire Aladin.
11. C'est lui qui a trouvé la lampe merveilleuse.
12. L'objet que devait rapporter Aladin au vizir.
13. Princesse héroïne des contes des *Mille et une Nuits*.

A. Bras droit du calife (indice : Iznogoud en est un).
B. Nombre de voleurs combattus par Ali Baba.
C. Le deuxième vœu d'Aladin est de devenir ________.
D. Il règne sur un califat.
E. Mot de passe qui permet à Ali Baba d'entrer dans la caverne.
F. Pays actuel dont la capitale est Bagdad et où se déroulent certains des contes des *Mille et une Nuits*.
G. La caverne d'Ali Baba et celle d'Aladin se trouvent dans le ________.
H. Capitale de l'Irak, où se déroulent les aventures racontées par Schéhérazade.
I. Celle que veut épouser Aladin en est une.

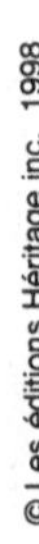

Salade de charades

1. Mon premier est la sixième note de la gamme.
   Mon deuxième n'est pas petit.
   Mon troisième vient après un.
   Sur mon quatrième, je peux accrocher des tableaux.
   Mon cinquième donne toute une haleine!
   Mon sixième vient avant trois.
   Mon septième est dans Chine et dans chiot.
   Mon huitième peut se dénouer.
   Mon tout protégeait la Chine des envahisseurs.

2. Mon premier souffle.
   Mon deuxième est long chez la girafe.
   Mon troisième est un mélange de bleu et de jaune.
   Mon tout est une ville canadienne.

3. Mon premier se cultive dans mon tout.
   Mon deuxième est le contraire de bas.
   Si on mélange mon troisième avec du jaune, on obtient du vert!
   Mon tout est essentiel au vigneron.

4. Mon premier est un oiseau chapardeur.
   Mon deuxième est un rongeur nuisible.
   Mon troisième est l'intérieur du pain.
   Mon quatrième est un nombre deux fois plus grand que celui qui le précède.
   Mon tout se trouve en Égypte.

5. Mon premier est ce qu'on fait lorsqu'on marche.
   Mon deuxième se trouve chez le ouistiti, mais pas chez le gorille ni chez le chimpanzé.
   Mon troisième n'est pas laid.
   Mon tout peut traverser l'Atlantique.

6. Mon premier est synonyme de cependant.
   Mon deuxième est synonyme de parle.
   Mon troisième est le nom de notre planète.
   Mon quatrième a 365 jours.
   Mon tout est une grande étendue d'eau.

Code en braille

Charlotte a trouvé par terre un morceau de papier plein de petites bosses étranges. « C'est du braille, un alphabet bien pratique quand on voit mal ! » lui dit Émile, qui sait toujours tout. Décode le message pour eux.

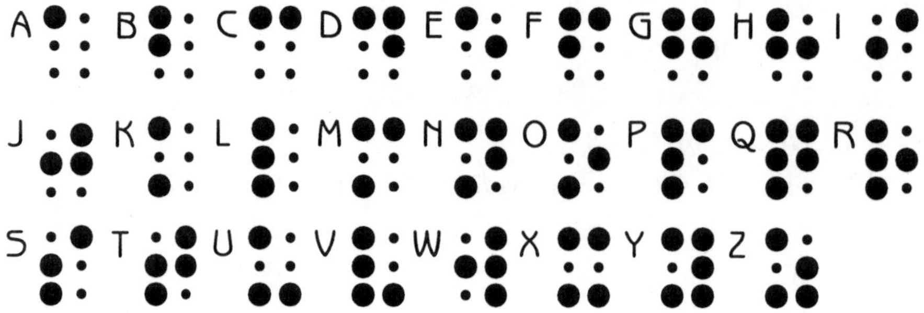

A B C D E F G H I

J K L M N O P Q R

S T U V W X Y Z

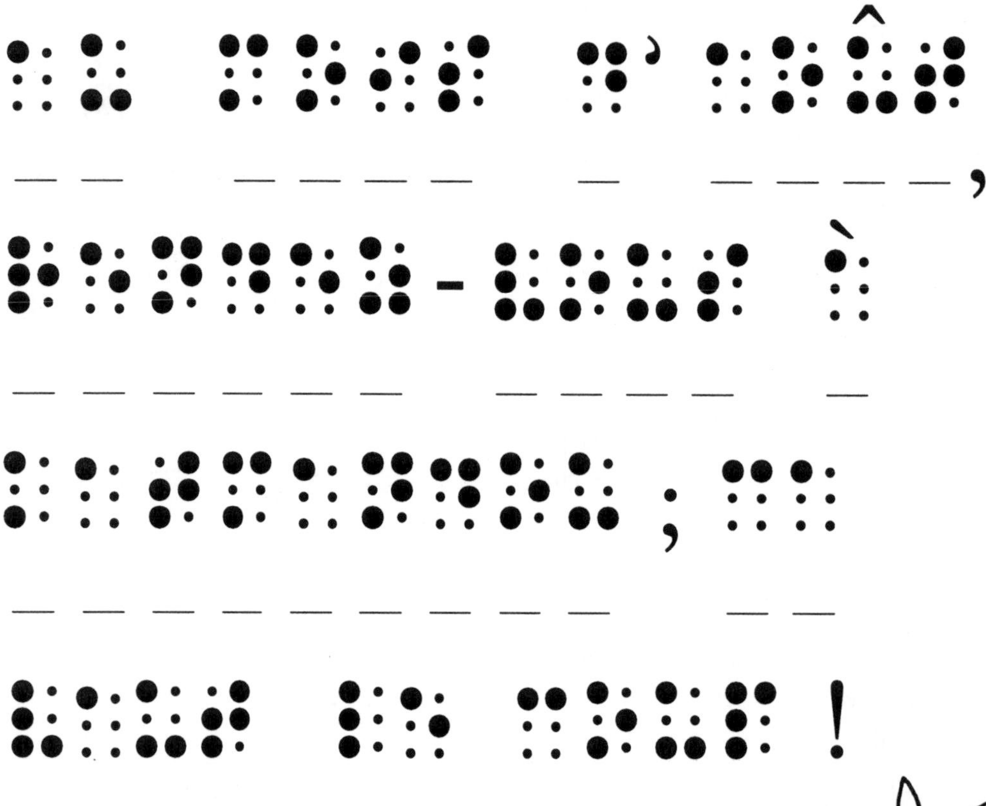

__ __ __ __ __ __ __ __ __ __ __,

__ __ __ __ __ __ __ __ __ __ __ __

__ __ __ __ __ __ __ __ __ ; __ __

__ __ __ __ __ __ __ __ __ __ !

En route vers l'Asie !

Mots mystère : les pays d'Asie

Trouve dans cette grille tous les noms de pays de la liste ci-dessous. Ils y sont écrits à l'horizontale ou à la verticale, aussi bien de droite à gauche que de gauche à droite. (Ne tiens pas compte des traits d'union.) Avec les 14 lettres qui restent, tu sauras le nom d'une grande étendue désertique d'Asie.

C	A	M	B	O	D	G	E	B	L	A	O	S
A	B	C	L	E	A	K	N	A	L	I	R	S
E	I	H	D	V	I	E	T	N	A	M	E	E
H	R	I	N	D	E	S	E	G	I	R	A	N
C	M	N	M	O	N	G	O	L	I	E	N	I
U	A	E	I	S	I	A	L	A	M	J	A	P
P	N	R	L	A	P	E	N	D	T	A	T	P
M	I	M	A	L	D	I	V	E	S	P	S	I
A	E	C	O	R	E	E	D	S	E	O	I	L
K	T	A	I	W	A	N	G	H	O	N	K	I
B	I	E	D	N	A	L	I	A	H	T	A	H
A	F	G	H	A	N	I	S	T	A	N	P	P

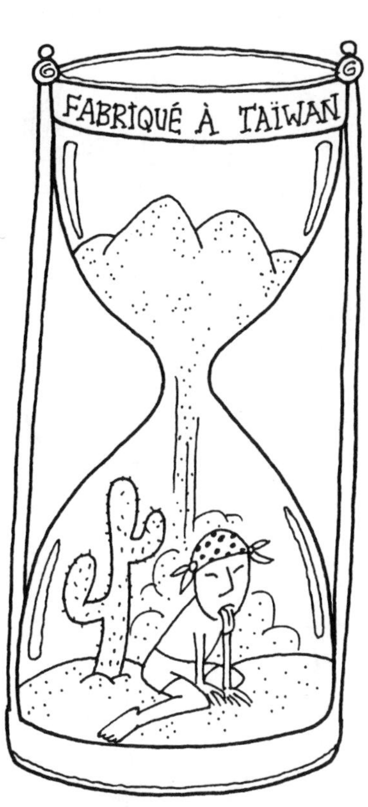

Mots à trouver :
Afghanistan, Bangladesh, Birmanie, Cambodge, Chine, Corée, Inde, Iran, Japon, Kampuchea, Laos, Malaisie, Maldives, Mongolie, Népal, Pakistan, Philippines, Sri Lanka, Taïwan, Thaïlande, Viêt-nam

Mots mystère : _ _   _ _ _ _ _ _   _ _   _ _ _ _

À l'assaut de l'Everest !

Quel courage ! Ces braves alpinistes vont tenter de grimper l'Everest, le plus haut sommet de l'Himalaya. Pour l'instant, ils se reposent. Mais... mais... cette montagne est envahie par plusieurs choses insolites ! Trouve-les, il y en a 12 en tout. Lola Laventure fait-elle partie des téméraires aventuriers ?

Un message embrouillé

Émile vient de recevoir un message pas très clair de Fin Museau, le célèbre détective. En changeant une seule lettre des mots soulignés (ne tiens pas compte des accents), tu pourras peut-être l'aider à comprendre ce que le limier veut lui dire.

Cher ami,
J'ai cherché Lola Laventure dans toutes les raisons, dans tous les chameaux, les fusées et les porcs, sur toutes les places de table blond, sous tous les ports, j'ai sillonné toutes les voûtes de notre veau pays au complot, et même celles de la Frange et du Jupon. Hélas, personne ne connaît cette bille, personne ne l'a bue. J'ai tout touillé, j'ai parcouru la compagne, j'ai traversé des gorets pleines de coups, des pois touffus, des jongles infectées de louches tsé-tsé. Lien, lien, toujours lien ! Pas la poindre trame de Lola. Je contiguë mes recherches.

Fin Museau, détective diplômé

Fin Museau

Alpinistes en péril !

Complète chaque mot avec un groupe de lettres de la colonne de droite.

ES _ _ _ ADE	EIG
CR _ _ _ON	COR
_ _ _ DÉE	PIT
N_ _ _ E	SOM
MO N _ _ _NE	ENS
_ _ _SANT	TAG
PRÉ _ _ _ ICE	CAL
_ _ _MET	CIP
_ _ _ON	ROI
PA _ _ _	AMP
ASC _ _ _ ION	VER

Méli-mélo : les animaux des hauteurs

Démêle ces noms d'animaux de montagne, puis en replaçant les lettres des cases grises dans le bon ordre, tu auras le nom de la plus haute chaîne de montagnes du monde.

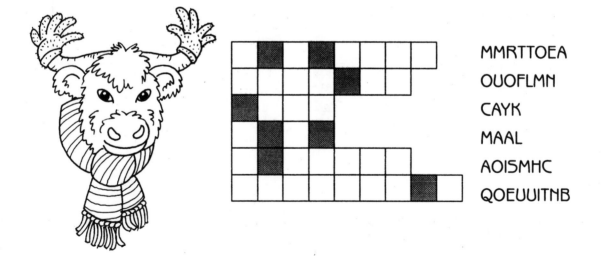

MMRTTOEA
OUOFLMN
CAYK
MAAL
AOISMHC
QOEUUITNB

La plus haute chaîne de montagnes : _ _ _ _ _ _ _ _

La grille du « Livre de la jungle »

Tu connais sûrement le film d'animation de Walt Disney *Le Livre de la jungle*. Mais savais-tu que ce film est tiré d'un célèbre roman écrit par l'Anglais Rudyard Kipling? Essaie de remplir la grille à l'aide des indices. Fie-toi à ta mémoire... ou à ton sens de la déduction!

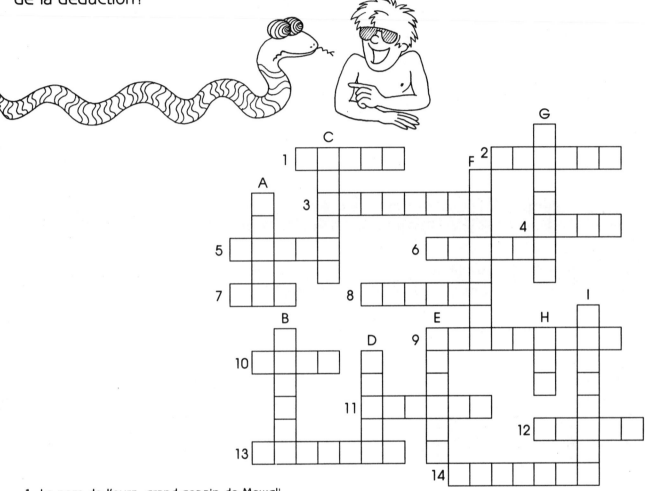

1. Le nom de l'ours, grand copain de Mowgli.
2. Endroit où vivent les singes qui enlèvent le « petit d'homme ».
3. Nom de la panthère qui accompagne Mowgli.
4. Pays où se déroule l'histoire.
5. Terrible félin (Shere Khan en est un).
6. Kaa en est un.
7. La seule chose qui effraie Shere Khan.
8. C'est elle qui met le feu à l'arbre.
9. Le pire ennemi de Mowgli.
10. Baloo en est un.
11. Nom du héros de l'histoire.
12. Ils ont élevé Mowgli.
13. Shere Khan veut _____ Mowgli.
14. Petits insectes dont raffole l'ours Baloo.

A. Bagheera est de couleur_________.
B. Type de forêt dans laquelle se déroule le récit.
C. La panthère Bagheera dort dans les _________.
D. Mowgli est un « petit d'________ ».
E. Ils ont enlevé Mowgli pour l'emmener chez eux, dans les ruines.
F. Son nom est Bagheera.
G. Nom de l'auteur du roman.
H. C'est le nom du python.
I. Oiseaux charognards que rencontre Mowgli.

Pas possible !

1. Quelle quantité d'eau un chameau assoiffé peut-il boire d'un coup ?
   3 litres ❑ 40 litres ❑ 140 litres ❑

2. La yourte, habitation des nomades des steppes de Mongolie, peut résister à des vents de plus de :
   80 km/h ❑ 130 km/h ❑ 200 km/h ❑

3. Combien de temps un crocodile adulte pourrait-il rester sans manger ?
   2 semaines ❑ 2 mois ❑ 2 ans ❑

4. La plus grande stalagmite trouvée mesurait :
   7 m ❑ 18 m ❑ 29 m ❑

5. Que contient la bosse des dromadaires ?
   de l'eau ❑ de la graisse ❑ des muscles ❑

6. Qui a inventé les nouilles ?
   les Italiens ❑ les Chinois ❑ les Sumériens ❑

7. Combien de temps met la navette spatiale pour faire le tour de la Terre ?
   12 heures ❑ 3 h 30 ❑ 1 h 30 ❑

8. De quel continent la tomate est-elle originaire ?
   Europe ❑ Asie ❑ Amérique ❑

Au marché flottant

Installées dans leurs embarcations, les marchandes Li et Ti échangent des produits entre elles. En observant les deux premières balances, peux-tu trouver combien de sacs de riz Li devra donner à Ti en échange de quatre poissons ?

La valse des valises

Dans le fond de la barque, le poids des bagages doit être bien réparti. Avec les indices ci-dessous, peux-tu dire ce qu'il faut ajouter à la valise de Charlotte pour obtenir le poids de la valise d'Émile ? Est-ce la valise du chien Boris, la valise du chat Bottin ou le sac d'os ?

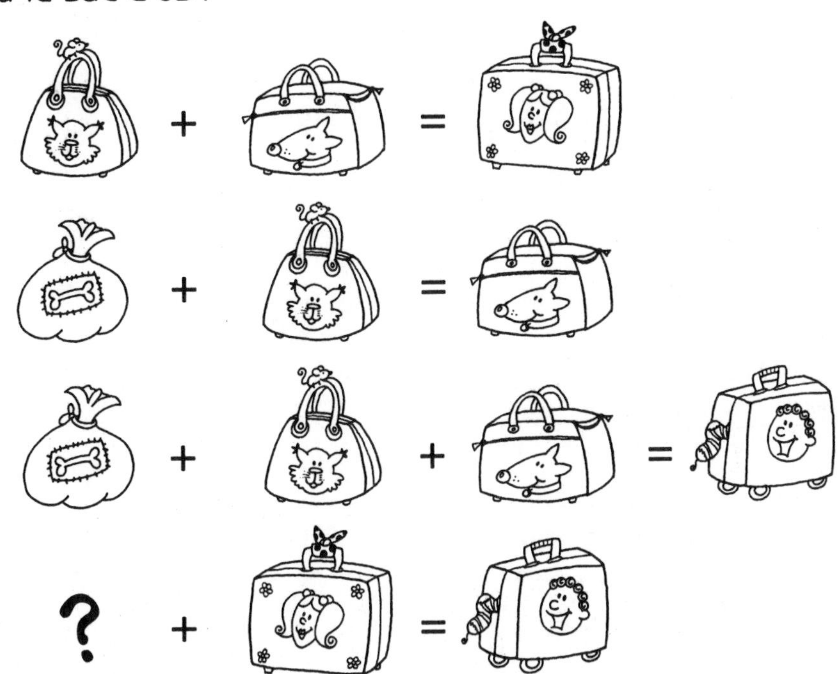

Mots codés

Résous d'abord les définitions en inscrivant les lettres sur les tirets. Ensuite, inscris sur les tirets de la question secrète les lettres correspondant aux chiffres.

1. En vélo, c'est là qu'on pose le pied : 14 2 13 1 12 2
2. Fait à partir de lait, il est délicieux nature ou aux fruits : 24 4 9 4 5 20 17
3. Pays au sud des États-Unis : 15 2 26 3 21 5 2
4. Une capitale en est une : 25 3 12 12 2
5. Habitant de la Jamaïque : 11 1 18 1 3 7 1 3 22
6. Pays d'Europe ou rongeur rayé : 16 5 3 16 16 2
7. Le Shinkansen japonais et le TGV français en sont : 17 20 1 3 22 16
8. Le *Titanic* en a heurté un : 3 7 2 6 2 20 9
9. On le traverse pour aller de Vancouver à Tokyo : 14 1 7 3 8 3 21 5 2
10. C'est la capitale du japon : 17 4 10 24 4

Question secrète : 25 1 3 16 - 11 2   1   14 1 20 3 16   2 22
17 1 26 3 - 4 5   1   17 4 10 24 4   2 22
25 2 12 4 ?

R... comme rizière !

Que d'agitation dans la rizière! Des oiseaux se sont abattus sur les champs et dévorent les épis! Mais cela ne t'empêchera sûrement pas de trouver au moins 15 choses dont le nom commence par R.

Li, Ti et Kim

Li, Ti et Kim sont des jumelles. Ti dit toujours la vérité, Li ment parfois et Kim ment toujours.
Qui est qui ?

Baguettes à gogo

En déplaçant trois baguettes seulement, tu devrais réussir à obtenir trois carrés.

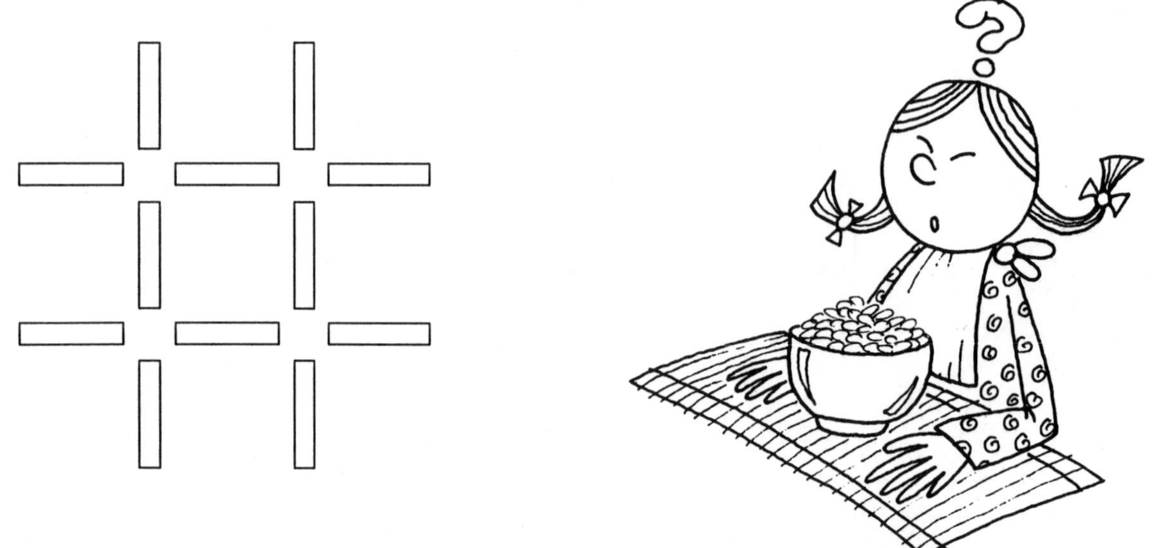

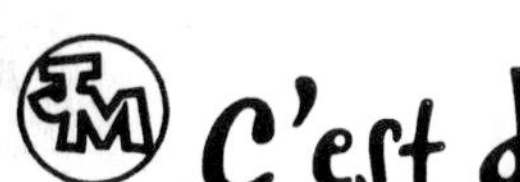 

C'est du chinois !

Décrypte ce message qu'Émile a écrit avec des signes chinois de son invention et tu découvriras un proverbe connu.

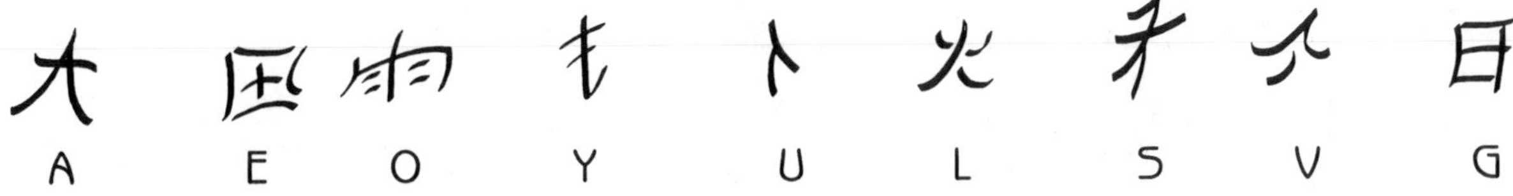

A E O Y U L S V G

F R M N T J

_ _ _   _ _ _ _ _ _ _

_ _ _ _ _ _ _   _ _

_ _ _ _ _ _ _ _

Qu'est-ce qui cloche : le jardin chinois ?

À Shanghaï, Charlotte, Émile, Boris et Bottin visitent un magnifique jardin. Mais ils sont tout de même un peu étonnés, car ils ont remarqué 12 choses insolites. Les vois-tu aussi ? Et vois-tu Lola Laventure* ?

*Tu ne sais plus de quoi elle a l'air ? Va voir son passeport à la page 9.

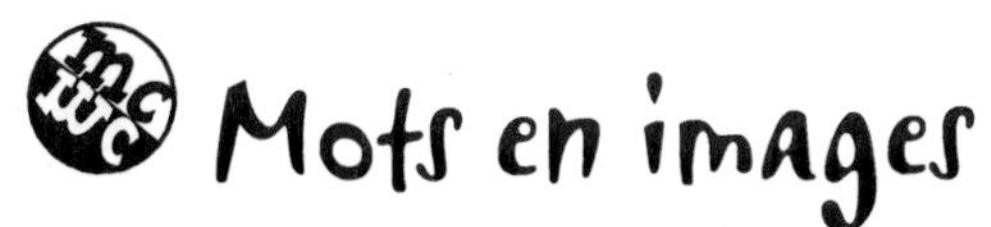

Mots en images

Émile, Charlotte, Boris et Bottin sont très chargés, et plus leur voyage avance, plus ils ont de bagages. Remplis la grille avec les noms des objets qui les encombrent. Ces mots s'écrivent tous de gauche à droite ou de haut en bas.

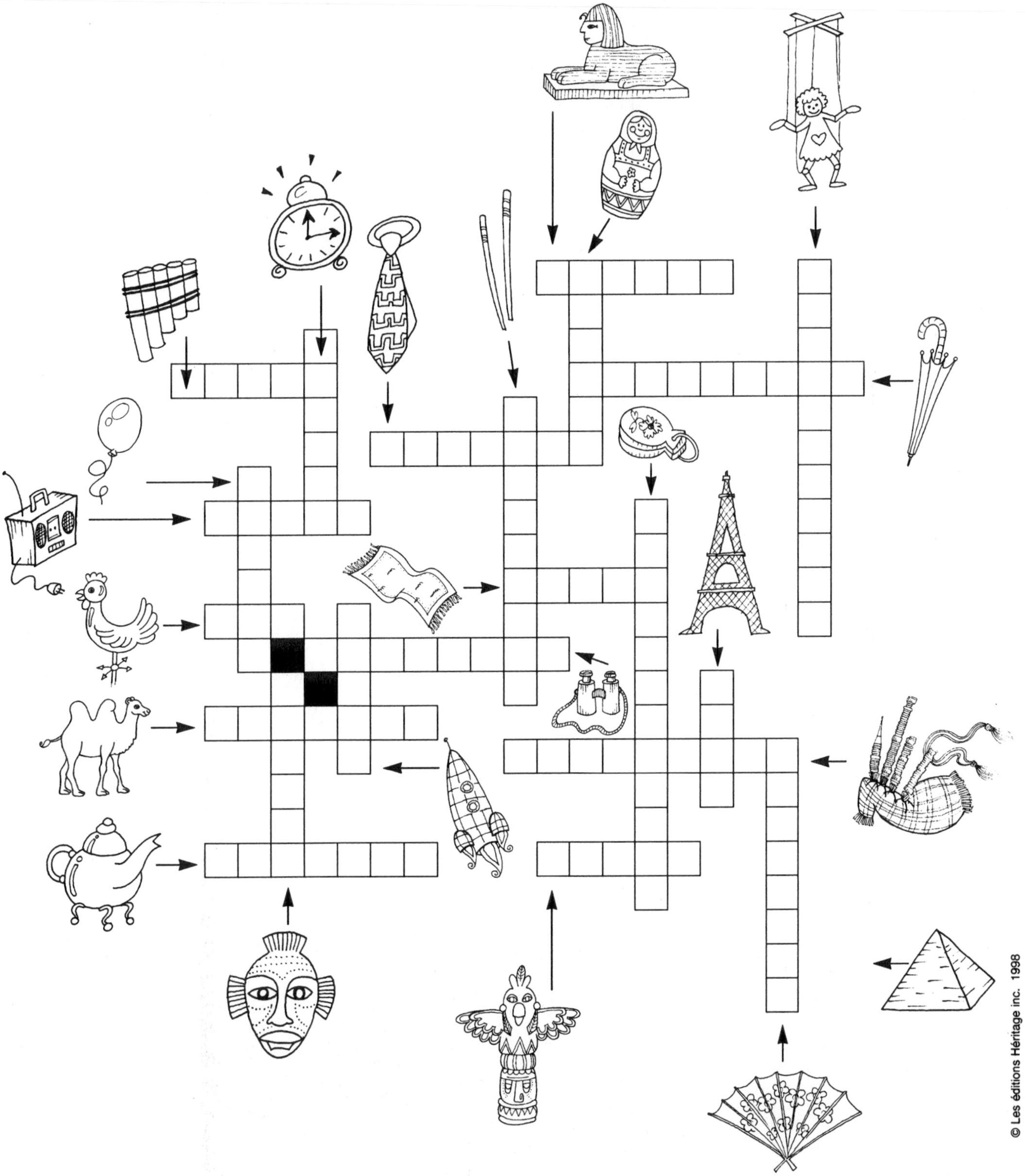

Qui y habite ?

Essaie de relier chaque nom de ville, de région ou de pays au nom qu'on donne à ceux qui y habitent. À la fin, reporte au bas les lettres des cases grises et tu auras le nom des habitants de Madrid.

Malaisie
Monaco
Îles de la Madeleine
Maroc
Malte
Saint-Malo
Moscou
Mali
Madagascar
Mozambique

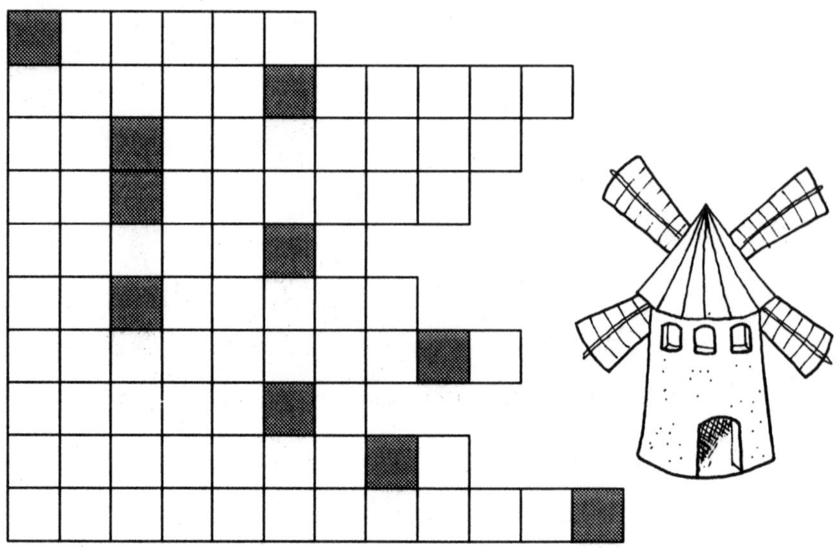

Monégasques
Malgaches
Maliens
Madelinots
Mozambicains
Malouins
Marocains
Moscovites
Malais
Maltais

Les habitants de Madrid : _ _ _ _ _ _ _ _ _ _

Maths et mots

Réponds aux questions posées, puis inscris les réponses en ordre croissant sur la première ligne au bas. Sur la seconde ligne, inscris la lettre de la question à laquelle correspond chaque réponse. Tu verras apparaître, parmi ces lettres, le nom du pays où se trouve maintenant Lola Laventure.

A. Nombre de nains dans Blanche-Neige X 3 =

B. Nombre de pattes de la coccinelle =

C. Surface d'un carré de 4 m de côté =

D. Surface d'un rectangle de 50 cm de longueur et 3 cm de largeur =

E. Nombre de décilitres dans 16 litres =

F. Nombre de jours dans une année bissextile + 5 =

G. 99,03 $ + 10,97 $ + 60,00 $ =

H. Nombre de minutes dans 4 heures =

I. Nombre de centimètres dans 2 m =

J. Nombre d'œufs dans 3 douzaines - 16 =

K. Nombre de pattes de la pieuvre =

L. Nombre de mois dans une année =

M. Nombre de décamètres dans 1 km =

N. Somme des jours d'avril, mai et juillet =

O. Nombre d'heures dans 2 jours et demi =

P. Nombre d'heures dans une journée X 2 =

_ _ _ _ _ _ _ _ _ _ _ _ _ _ _ _

les réponses en ordre croissant

_ _ _ _ _ _ _ _ _ _ _ _ _ _ _ _

les lettres correspondantes

Délire d'onomatopées

Charlotte, Émile, le chien Boris et le chat Bottin ont décidé de se détendre un peu. Relie leurs mimiques aux onomatopées correspondantes.

1.

2.

3.

4.

5.

6.

7.

8.

9.

10.

11.

12.

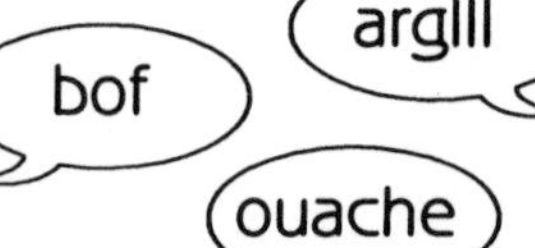

sloup
pouf
crac
meuh
criche criche
arglll
bof
bong
ding
bip bip
plouf
ouache

Un message important

Charlotte et Émile ont tout intérêt à comprendre ce que dit cette pancarte à l'entrée du temple s'ils veulent éviter d'être mis à la porte! Pour savoir pourquoi, reporte dans la grille du bas les motifs des cases correspondantes.

	A	B	C	D	E	F	G
1							
2							
3							
4							
5							
6							
7							

Bols à trouver : la cérémonie du thé

C'est l'heure du thé ! Trouve les 20 bols dissimulés dans cette pièce, sinon la cérémonie ne pourra pas avoir lieu et Charlotte, Émile, Boris et Bottin seront bien déçus.

Mots codés

Commence par répondre aux questions en écrivant les lettres sur les tirets. Ensuite, inscris sur les tirets de l'animal secret les lettres correspondant aux chiffres. Tu obtiendras le nom d'un animal menacé d'extinction. (Ne tiens pas compte des accents.)

1. Le Nil en est un : __ __ __ __ __ __
   13 21 3 10 8 3

2. C'est un document essentiel quand on voyage à l'étranger :
   __ __ __ __ __ __ __ __ __
   6 1 23 23 3 6 19 22 7

3. Le pays le plus peuplé du monde : __ __ __ __ __
   17 5 4 20 3

4. La patrie des Algériens : __ __ __ __ __ __ __
   1 21 15 3 22 4 3

5. Cet oiseau minuscule fait de très longs voyages :
   __ __ __ __ __ __ __
   17 19 21 4 18 22 4

6. Grandes personnes : __ __ __ __ __ __ __
   1 16 10 21 7 3 23

7. On y met les vêtements quand on part en voyage :
   __ __ __ __ __ __
   8 1 21 4 23 3

8. Avec ses deux roues, elle peut nous mener loin :
   __ __ __ __ __ __ __ __ __ __
   18 4 17 25 17 21 3 7 7 3

9. Située en Italie, elle est penchée. C'est la tour de __ __ __ __
   6 4 23 3

Animal secret : __ __   __ __ __ __ __   __ __   __ __ __ __ __ __ __
21 3   7 4 15 22 3   16 3   23 4 18 3 22 4 3

Un faussaire pas très doué

Monsieur Xiang Li, faussaire de son métier, s'est amusé à copier ce paysage chinois, mais il y a 10 différences entre les deux tableaux. Les vois-tu ?

Sumotori au sommet

Un de ces neuf lutteurs de sumo est le grand champion Hidefumi Hikanawa. À l'aide des indices, trouve-le vite ainsi que ses gros camarades !

1.

2.

3.

4.

5.

6.

7.

8.

9.

1. Kunio a des sandales mais pas de bandelette au poignet.
2. Konosuke et Kazuo portent des sandales et une bandelette au poignet.
3. Konosuke est à droite de Shigeo et à gauche de Yujiro.
4. Yujiro est au-dessus de Seishi et au-dessous de Takuro.
5. Hidefumi est à gauche de Shiro.
6. Il n'y a personne au-dessous de Shiro.

Un jeu d'enfant !

Relie d'abord les chiffres pairs seulement, du plus petit au plus grand, puis les lettres de l'alphabet de A à W.

L'escapade des cerfs-volants

Remets en ordre les syllabes écrites sur ces cerfs-volants et tu pourras dire à Charlotte et Émile où se trouve Lola Laventure!

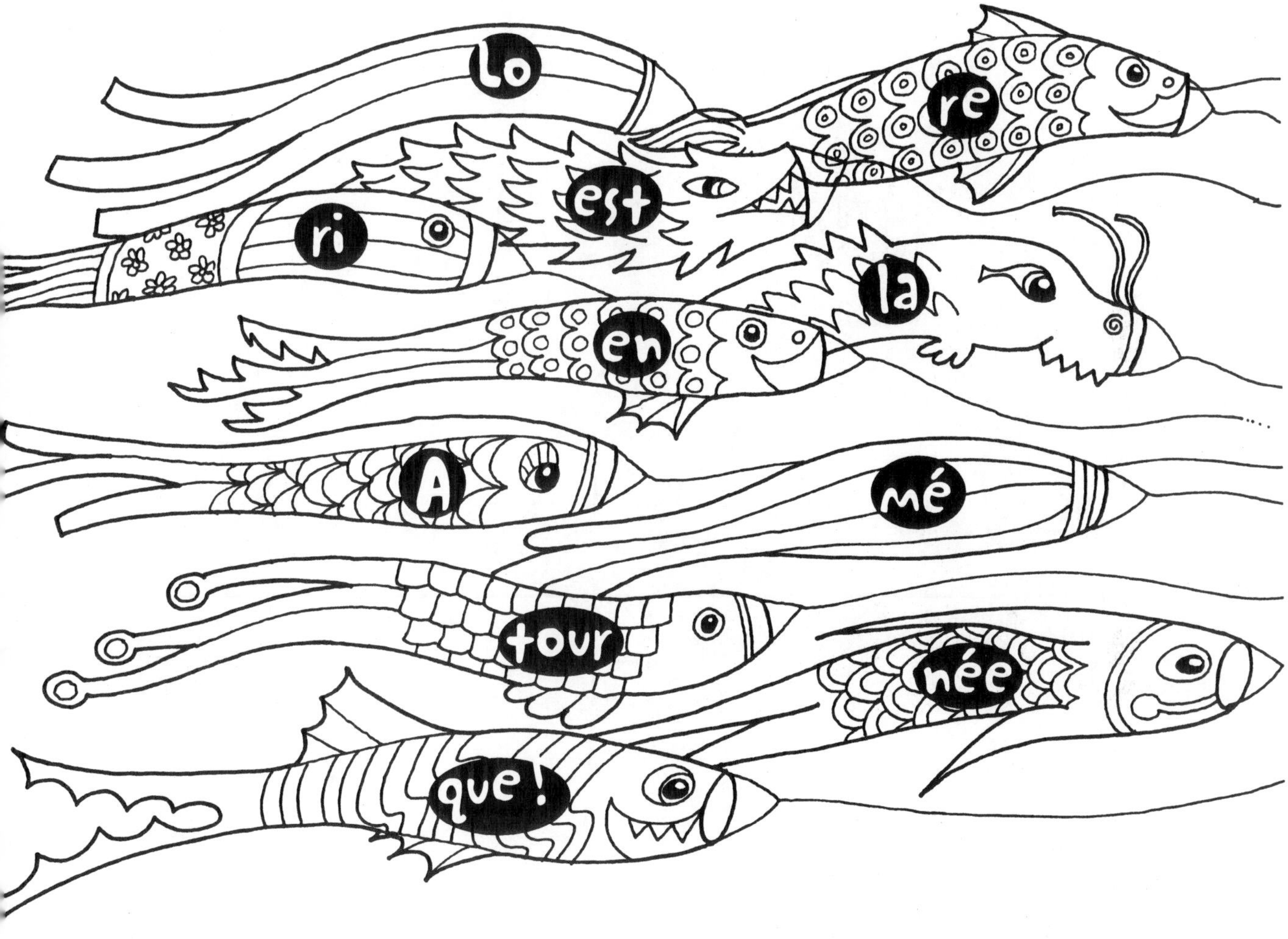

Des totems de l'ouest

Émile, Charlotte, Boris et Bottin sont de retour en Amérique. Ils visitent les Amérindiens de la côte ouest. Parmi ces sept totems, il y en a un qui réunit au moins un des éléments de chacun des six autres. Sauras-tu le trouver ?

1.

2.

3.

4.

5.

6.

7.

Petits génies à l'aventure

1. Comment s'appelle la plus grande chaîne de montagnes d'Amérique du Sud ?
   les Andes ❑ les Ondes ❑ les Indes ❑ les Andines ❑

2. Quelle est la capitale du Népal ?
   Tombouctou ❑ Katmandou ❑ Oulan-Bator ❑ Ouagadougou ❑

3. C'est un primate d'Asie au nez très gros. Il s'agit d'un :
   naseau ❑ varan ❑ nasique ❑ dugong ❑

4. Qu'est-ce qu'une felouque ?
   un petit bateau à voile ❑ un mollusque ❑ une coiffe afghane ❑

5. Comment appelle-t-on les scientifiques qui étudient les volcans ?
   des volcanologistes ❑ des volcanogues ❑ des volcanologues ❑
   des volcaniciens ❑

6. Comment appelle-t-on les guides de montagne dans l'Himalaya ?
   des charpies ❑ des sherpas ❑ des shorbas ❑ des pachas ❑

7. Si à Montréal (Canada) il est 22 heures et que c'est le 24 juin, quelle est la date et l'heure à Nagano (Japon) ?
   midi, le 24 juin ❑ minuit, le 24 juin ❑ midi, le 25 juin ❑ minuit, le 25 juin ❑

8. Lequel de ces noms n'est pas celui d'une ville ?
   Ouagadougou ❑ Bamako ❑ Malawi ❑ Yaoundé ❑ Zanzibar

9. Laquelle de ces montagnes n'est pas un volcan (ni actif, ni éteint) ?
   le Vésuve ❑ le Kilimandjaro ❑ le Fuji-Yama ❑ l'Everest ❑ le Krakatoa ❑

10. Quelle réalisation humaine se voit depuis l'espace ?
    la tour Eiffel ❑ la pyramide de Khéops ❑ la grande muraille de Chine ❑
    le Sphinx ❑

Fouilles archéologiques en Alberta

Émile, Charlotte, Boris et Bottin profitent de leur passage en Alberta, où on a trouvé de nombreux fossiles de dinosaures, pour faire un peu de paléontologie. Remplis la grille avec les mots de la liste ci-dessous.

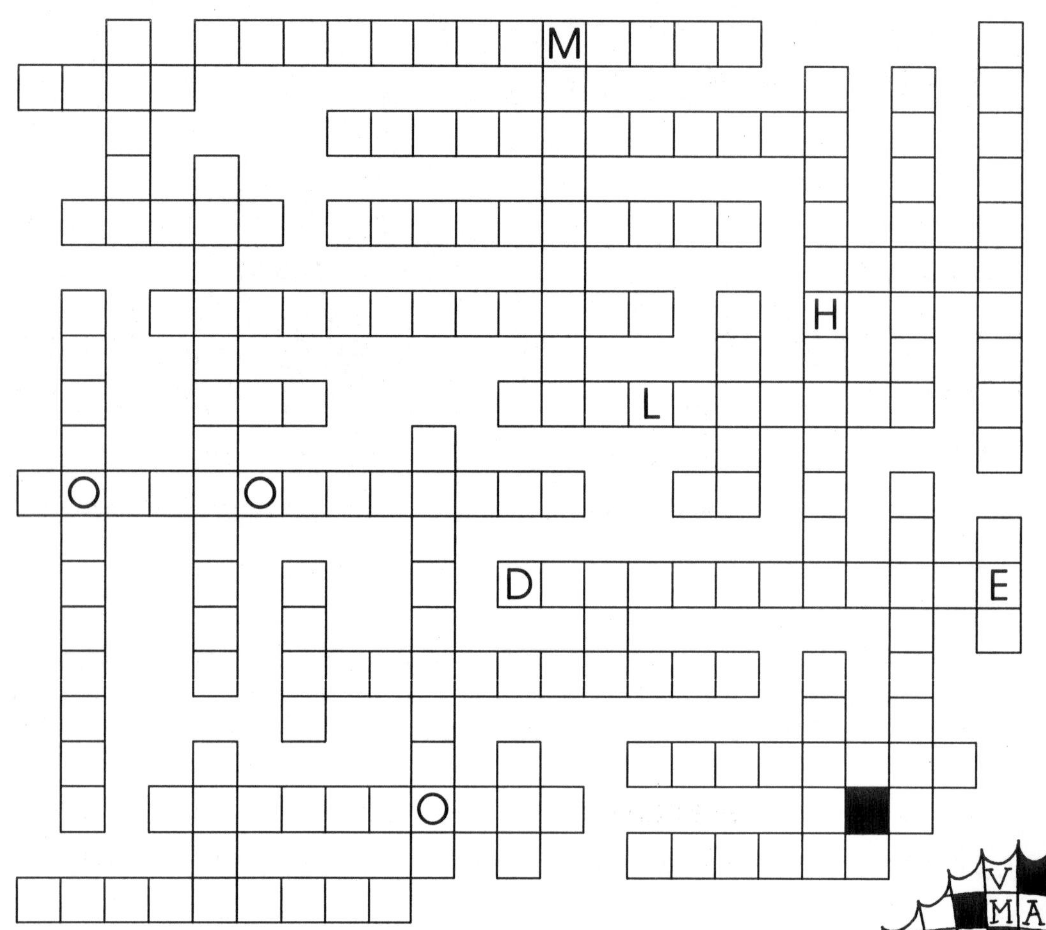

Mots à trouver :

2 lettres : os
3 lettres : cou, mer, roc
4 lettres : nids, œuf, site
5 lettres : Chine, dents, queue, temps, trias
6 lettres : cornes
8 lettres : avimimus, fouilles, reptiles
9 lettres : empreinte, maiasaura
10 lettres : apatosaure, dimétrodon, gallimimus, jurassique, ptéranodon
11 lettres : déinonychus
12 lettres : brachiosaure, dilophosaure, ornithomimus, ptérodactyle, styracosaure, vélociraptor
13 lettres : compsognathus, struthiomimus

Les « scrabouilleurs »

Avec les lettres de VALISE, essaie de former des mots au singulier dont la somme de la valeur des lettres est égale au nombre de points indiqué par mot. Tu ne peux utiliser chaque lettre qu'une seule fois.

V 5	A 2	L 4	I 3	S 7	E 1

Points	Mot
12	
13	
14	
15	
16	
17	
19	
21	
22	

Animaux en pagaille

Essaie de former les 10 noms d'animaux cachés ici en associant chaque groupe de consonnes au groupe de voyelles correspondant. Pas facile! Heureusement, il y a des indices...

1. GVL (un crocodilien)	____________	UE
2. CK (un bovidé de montagne)	____________	EEA
3. RS (comme le grizzli)	____________	AEAU
4. RNG-TN (un primate)	____________	AA
5. TGR (grrrrr!)	____________	IE
6. LPHNT (il barrit)	____________	OAOUA
7. MCQ (un singe)	____________	AAUE
8. PND (il se nourrit de bambou)	____________	OU
9. CHM (il blatère)	____________	YA
10. BFFL (il est utile dans les rizières)	____________	AIA

Les carrés cachés

Combien de carrés vois-tu dans cette figure ?

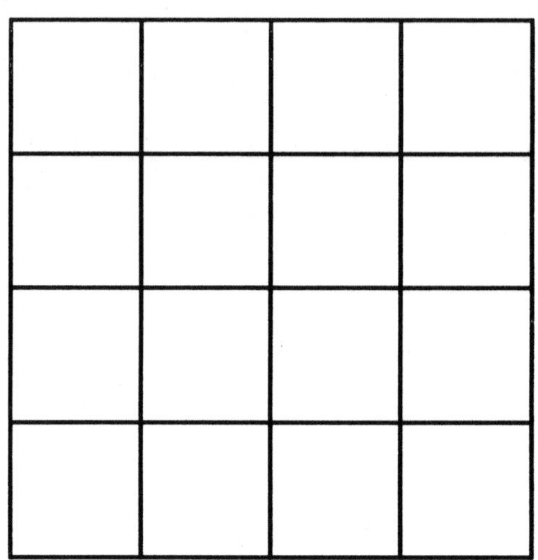

De LÀ à LÀ

En formant des mots avec les sons de deux alvéoles qui se suivent (par exemple : LA-PIN et PIN-SON), pars du LA puis reviens-y sans passer deux fois sur une même case.

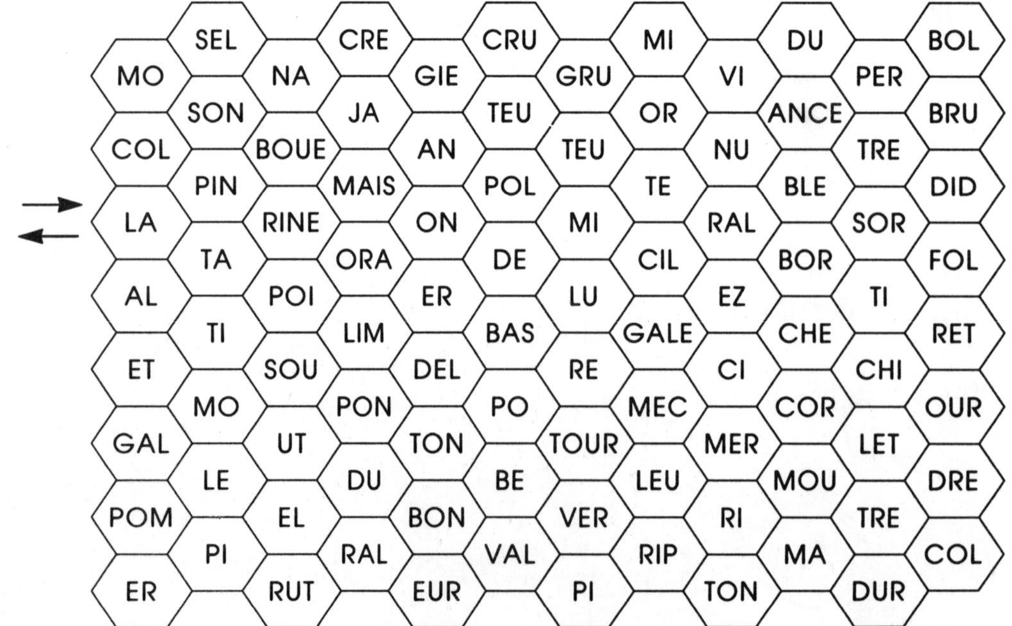

Des souvenirs en pagaille

Pendant leur voyage, Charlotte et Émile ont acheté une foule de souvenirs. Mais parmi les objets suivants, il y en a un qu'ils n'ont pas pu se procurer. Lequel ?

On n'a pas retrouvé Lola Laventure...
...mais on a fait un beau voyage!
SCOU
ZOO
AFRIQUE
TEXAS
TUNIS
ROME
CHINE

Solutions

Page 9
MOTS EN IMAGES: UNE ÉTONNANTE DÉCOUVERTE

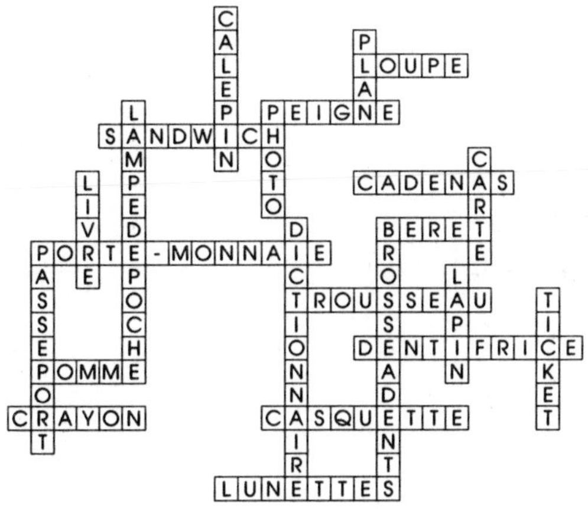

Page 10
CHARLOTTE ENQUÊTE

Lola visitera l'Amérique (du Nord, puis du Sud), l'Europe, l'Afrique puis l'Asie. Elle n'ira ni en Océanie, ni en Antarctique.

Page 11
LES PANNEAUX MÊLÉS

Les panneaux suivent cet ordre:
A- Les lieux à visiter
B- Les transports
C- L'hébergement
D- Les lieux où manger
E- L'état de la route
F- Les sports
Donc:
Le panneau A3 va en C.
Le panneau B2 va en E.
Le panneau C1 va en F.
Le panneau D3 va en A.
Le panneau E1 va en B.
Le panneau F4 va en D.

Page 12
DES INTRUS DANS LES TRANSPORTS

1. Il n'y a pas de soute dans les trains.
2. Locomotive n'est pas un terme associé à l'avion.
3. Essieu n'est pas un terme associé au bateau.
4. Hauban n'est pas un terme associé à la voiture.
5. Aérofreins n'est pas un terme associé à la moto.
6. Sabot n'est pas un terme associé au vélo.
7. Le biplan n'est pas une embarcation.
8. Lunettes n'a rien à voir avec les voyages.
9. Le drakkar ne vole pas.
10. Masque n'est pas un terme associé au cheval.

LES «SCRABOUILLEURS»

10 eau
12 rue
15 rate
16 veau
23 rue
25 vue
29 étau, vent
31 trêve, avenue
34 ventre

Page 13
OBJETS À TROUVER: NEW YORK, NEW YORK!

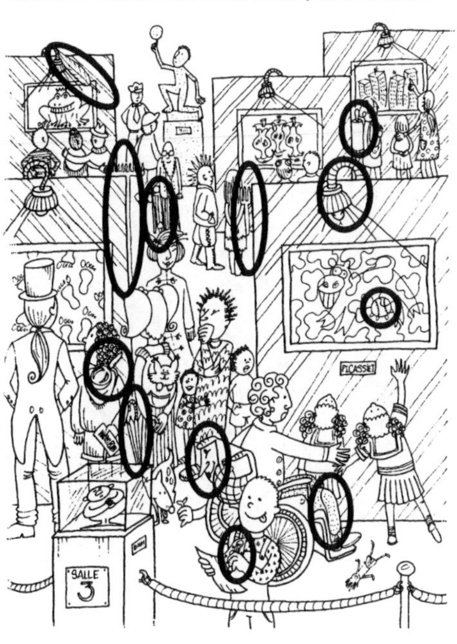

Page 14
SUPERGRILLE: L'EAU EN VOYAGE

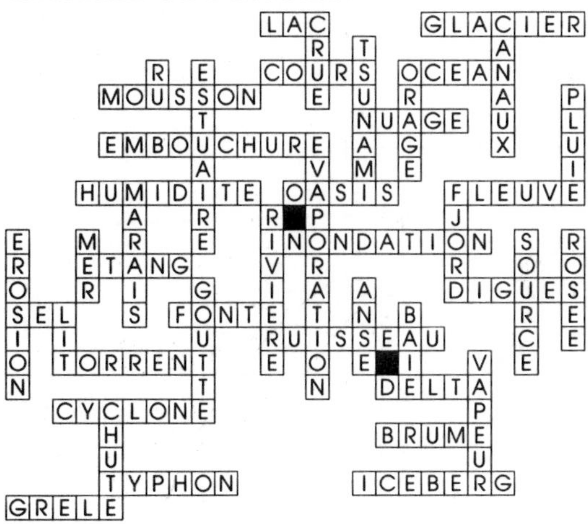

Page 15
LES GÉNIES DE LA B.D.

1. Le Japon
2. De la Gaule (aujourd'hui la France)
3. La cigogne
4. La Suisse
5. De Russie
6. Alexandrie
7. Le Niokolo-Koba
8. Au Tibet
9. D'Hispanie
10. En Amérique du Sud

Page 16
CACHE-CACHE: LES LANGUES ÉTRANGÈRES

1. espagnol
2. allemand
3. danois
4. japonais
5. vietnamien
6. créole
7. mongol
8. polonais

Page 17
LA VILLE FANTÔME

Page 18
UN GOÛT DE CRÈME !

FOIE	TIROIR	NOIRE	FENÊTRE	NEZ	TÉLÉVISION	BOIS	LUNE
GOÛT	MAUVAIS	RADIO	PHOTO	FLEUR	SÉRIE	BOUGIE	MILLE
TENNIS	RHUME	CARTE	TÊTE	IDÉE	MEUBLE	PLUME	FEUILLE
LOUP	FOIN	BOTTE	ÉPINGLE	GÉNIE	CHAISE	PIANO	CRÈME
PIERRE	VILLE	NUIT	ROUGE	LAMPE	GOMME	LIVRE	SUCRE
POIGNÉE	SUITE	SENTIER	ÉCOLE	HUILE	MOTEUR	ESSENCE	VANILLE

QUI VA LÀ ?

Moni**ca r**egardait l'acro**bate au**-dessus de la piste. (CAR/BATEAU)
Le lion tournait **auto**ur de sa cage. (AUTO)
Un homme en**tra, in**différent. (TRAIN)
Moni**ca nota** qu'il boitait. (CANOT)
Sans un **mot, O**dilon, son ami, sortit de la salle. (MOTO)
Il était r**avi, on** le voyait bien. (AVION)

Page 19
PAS DE VOYELLES À LA GARE DE MEXICO

Bolivie, Pérou, Brésil, Colombie, Venezuela, Argentine, Chili, Paraguay

Page 20
AU BUREAU DES OBJETS PERDUS

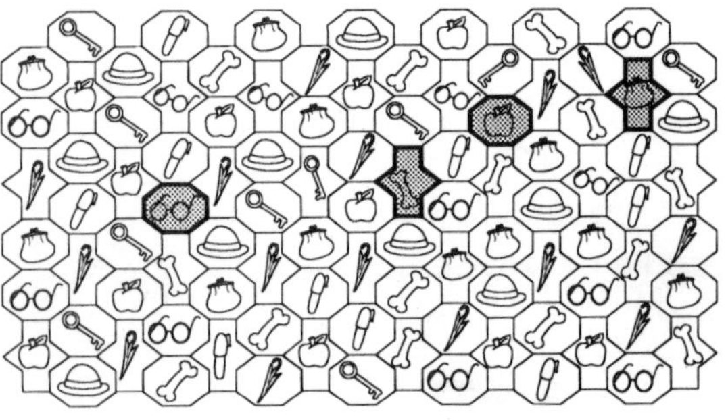

Page 20
QUESTION DE CRAYON

Les figures 3 et 5.

Page 21
UN VOYAGEUR CAMOUFLÉ

Solution : le pigeon voyageur (chaque lettre a un reflet)

EXPRESSIONS EN DÉLIRE

Avoir bon pied bon œil.
Avoir la langue bien pendue.
Lever les yeux au ciel.
Avoir le compas dans l'œil.
Avoir les yeux plus grands que la panse.
Avoir un mot sur le bout de la langue.
Être pris la main dans le sac.
Avoir le cœur sur la main.
Mettre la main à la pâte.
Avoir la tête dans les nuages.

Page 22
BIEN AU CHAUD, BIEN AU SEC : À CHACUN SA MAISON !

1-C 4-B
2-A 5-F
3-E 6-D

Page 23
LETTRES ET CHIFFRES À LA FILE

Q
(c'est la prochaine lettre avec une courbe)

MN48
(les lettres sont des consonnes qui se suivent dans l'alphabet; on multiplie chaque fois le nombre par deux)

A26K
(A est la voyelle qui précède E; pour le chiffre, on ajoute 5 à chaque fois, ainsi 1 + 5 = 6, 6 + 5 = 11, etc.; après A, E, F, H, I, K est la prochaine lettre de l'alphabet qui s'écrit avec des lignes droites seulement)

Page 24
PETITS GÉNIES À L'ÉTRANGER

1. une bouilloire russe
2. une maisonnette russe
3. un vêtement japonais
4. quelqu'un qui s'occupe des éléphants
5. en Écosse
6. un instrument de percussion
7. une course de taureaux
8. en Inde
9. un jeu d'Amérique du Sud
10. il surveille les troupeaux de bovins

Page 25
JEU DE MÉMOIRE

Il n'y a pas de touriste autrichienne, de statuette inca, de sac à dos, de coq ni de livre.

Page 26
JEU DE CUBES

Réponse : 10

Page 27

DESSIN MYSTÈRE CHEZ LES INCAS

C'est une divinité inca!

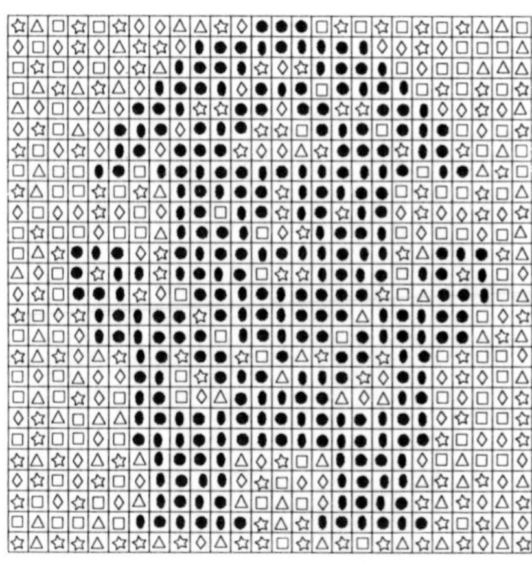

Page 28

MOT MYSTÈRE: ON SE RÉGALE!

Mot mystère: sashimis

Page 29

MOTS DE MONTAGNE

3 lettres: âne, mât, mon, mot, nom, ton
4 lettres: ange, gant, méat, mont, nage, note, taon, toge, tome
5 lettres: amont, étang, géant, gnome, magot, manne, mante, néant, otage, tonne
6 lettres: menton
7 lettres: montage
As-tu trouvé d'autres mots?

LE QUIZ DES MOTS EN COR

Cornac, cornet, corps, corde, cornichon, corneille, corbeille, corbeau, corrida, corsaire.

Solution: cordillère

Page 30

REPTILES CAMOUFLÉS

Les reptiles sont: boa, cobra, gavial et tortue.
De passage à Kalabo, Anne prit son perroquet Coco, brava la tempête et alla à la gare. Le train allait à Viranga, via le Gabon. «Nestor, tu es génial!» s'écria-t-elle en voyant son singe la rejoindre.

MOTS CODÉS

LAC

BAL

CAR

BAC

Page 31

MOTS MYSTÈRE: LA FORÊT AMAZONIENNE

Mot mystère: grenouille arboricole

Page 32

CHARADES EN BALADE

1. Belgrade (bel-gras-deux)
2. Vienne (vie-haine)
3. Paris (pas-riz)
4. Rome (rot-meuh)
5. Boston (bosse-thon)
6. New York (nouille-orque)
7. Buenos Aires (bouée-noce-aï-res)

Page 33

DANGERS AU CŒUR DE LA JUNGLE...

Page 34

UN AÉROPORT CONGESTIONNÉ

1-F, 2-C, 3-A, 4-E, 5-D, 6-B

Page 35

LES INTRUS

1. L'aï n'est pas un animal du désert.
2. La Méditerranée n'est pas un fleuve.
3. Le coquelicot n'est pas une céréale.
4. L'Islande est un pays froid.
5. Les moines ne forment pas un peuple.
6. Le sombrero n'est pas un mets.
7. Birmanie ne commence pas par P.
8. Le paresseux n'est pas un singe.
9. Le marabout n'est pas une langue.
10. On ne trouve pas le son «ou» dans poisson.

Page 35
QUE DE TRIANGLES!

Il y en a 9.

Page 36
MOT MYSTÈRE: LES PAYS D'EUROPE

Mot mystère: Bosnie-Herzégovine

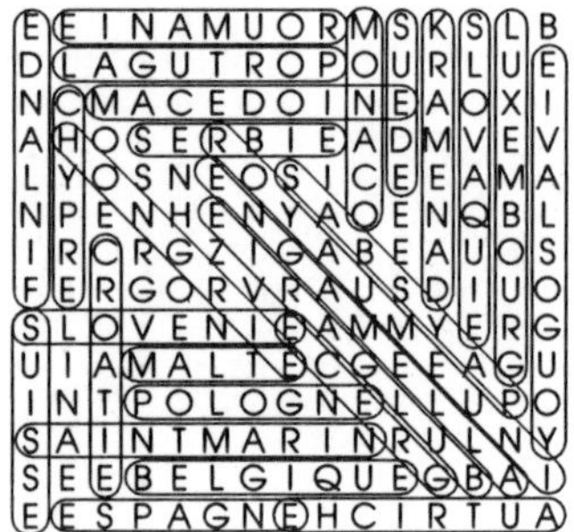

Page 37
DING DONG!

Commence le trait entre 3 et 4 heures et arrête-le entre 9 et 10 heures. La somme des heures de chaque moitié est 39.

DÉFI DEVINETTES

1. (Il dit: « Minue. ») Il diminue.
2. Une seule puisque après, le pain n'est plus entier.
3. S'il contenait de la terre, ce ne serait plus un trou!
4. UN MOT.
5. Six kilos.

Page 38
UN MESSAGE DÉCHIRÉ À RECONSTITUER

Les joyaux de la couronne sont au palais de Buckingham.

LE QUIZ DES MOTS EN PER

Perceuse, perruque, perroquet, persil, perche, péril, perle.
Solution: périple

Page 39
ÉMILE AU MARCHÉ

Il y a 12 pommes, 7 poires, 4 bananes et 2 ananas.

DES FRUITS QUI ONT DU POIDS

Il faut cinq citrons.

Page 40
LA TRAVERSÉE DE L'HEXAGONE

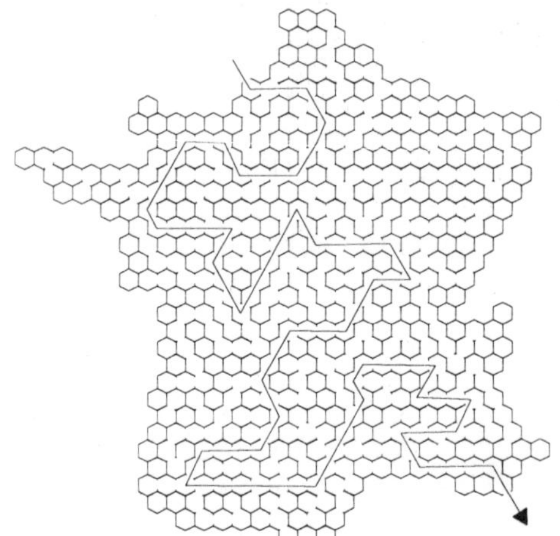

Page 41
PETITS GÉNIES EN BALADE

1. Les Péruviens
2. L'Afrique
3. En Inde
4. Des États-Unis
5. En Égypte
6. Mexico
7. Les Pékinois
8. Aux États-Unis
9. La Chine
10. En Amérique (du Sud)

Page 42
D'ÉTRANGES PHOTOS

Page 43
JEU DE MÉMOIRE

Il n'y a pas de lampe de poche, de calendrier, de télévision, de robe de chambre ni d'appareil photo; il y a un seul ours en peluche et seulement trois brosses à dents.

Page 44
PAREIL, PAS PAREIL!

1. périple et voyage
2. forêt et jungle
3. patelin et village
4. auberge et hôtel
5. circuit et parcours
6. alpinisme et escalade
7. rive et berge
8. avion et aéroplane
9. barque et chaloupe
10. destrier et cheval

Page 45
MOTS EN IMAGES AU ZOO

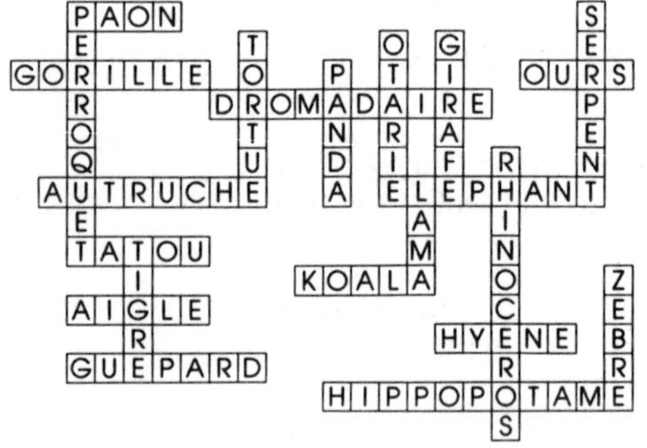

Page 46
CHIFFRES À DÉCODER

Solution : Afrique
A 8, B 30, C 52, D 6, E 25, F 9, G 183, H 2, I 12, J 7, K 0, L 132, M 3, N 48, O 4, P 1, Q 13, R 10, S 5, T 40, U 16
KPHMOSDJAFRIQUEBTNCLG

Page 47
LE MESSAGE DE LA CIGOGNE

La phrase cachée: Attachez vos ceintures, on décolle!

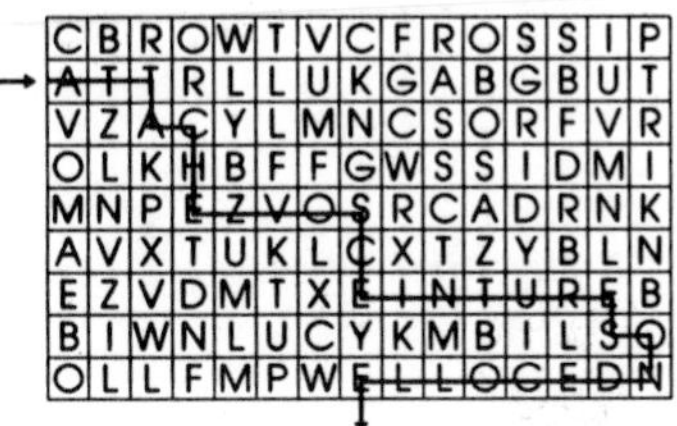

MÉLI-MÉLO : D'UNE CAPITALE À L'AUTRE

Vienne, Madrid, Amsterdam, Dublin, Stockholm, Paris, Berlin
Le plus petit État du monde est le Vatican.

Page 48
SUPERGRILLE : LE CHÂTEAU FORT

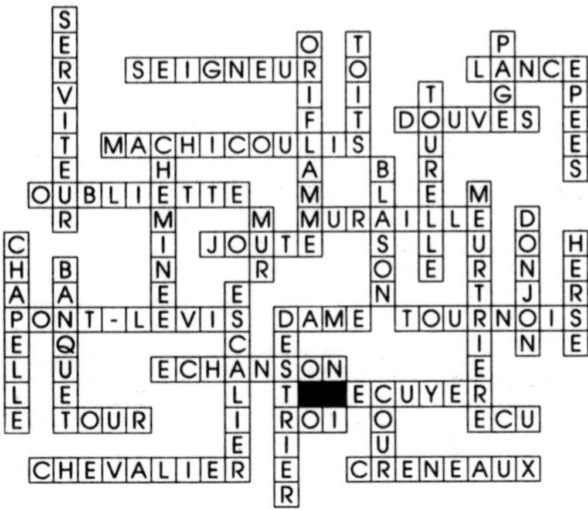

Page 49
HORAIRE MYSTÈRE

Amsterdam 747 : le départ a lieu à la porte 18i (les chiffres sont des multiples de 6 et les lettres sont les voyelles, dans l'ordre)

Sydney 714 : le départ a lieu à 17h34 (03 + 05 = 08, 05 + 08 = 13 etc.) à la porte 36y.

Munich : le numéro du vol est le 273 (on ajoute 13 à chaque fois).

New York 299: l'arrivée a lieu à la porte 13p (on enlève 2 au chiffre précédent et la lettre est celle qui précède dans l'alphabet)

Hong Kong 312 : l'arrivée a lieu à 17h46 (+ 4, + 6, + 4, + 6, + 4, etc.) à la porte 11o.

Page 49
DEVINETTES

1. Ces chiffres se lisent aussi bien à l'endroit qu'à l'envers.
2. 33 : 3 = 11
3. Parce que si elle avait un cou court, un pelage rayé et une longue queue, ce serait un tigre!

Page 50
À VOL D'AVION

1. Jonas
2. Jacquet
3. Jeannot
4. Pierre
5. Caroline
6. Louis
7. Valérie
8. Paulo
9. Émilienne
10. Sandrine
11. Marius
12. Marie-Josée

Page 51
MANIAQUE DU DÉTAIL!

V: B4
W: D2
X: E1
Y: D4
Z: E6

Page 52
À VOS CRAYONS! PRÊTS! PARTEZ!

4 lettres : âtre, auto, dôme, émoi, mûre, onde, tain, tome, vert
5 lettres : autre, moine, monde, mutin, train, trait, vertu
6 lettres : rature
7 lettres : voiture
As-tu trouvé d'autres mots?

Page 53
PICKPOCKETS À L'ŒUVRE : GARE À VOS POCHES!

Page 54

CAFOUILLIS À LA CORRIDA

Page 55

VISITE GUIDÉE DANS LES GROTTES

Il y a 31 mains.

Page 56

UN ÉTÉ CHAUD !

YCCVIII	= 5208
MCCCXXV	= 1325
LXXXII	= 82
DCCLXXII	= 772
MMMDXXXII	= 3532
XIV	= 14
$\overline{\text{MM}}$MMXXV	= 2 002 025
LVIII	= 58

Page 57

LES CRAYONS ONT BONNE MINE

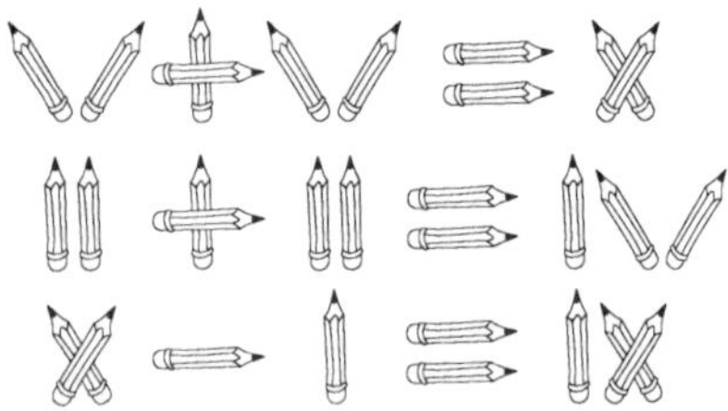

CASSE-MÉNINGES

1. Il faut couper trois anneaux d'un même segment.
2. En fait, il s'agit d'un père, de son fils et de son petit-fils. Le père donne 15 poulets à son fils qui, lui, en donne 10 à son propre fils. Les deux fils ont donc en tout 15 poulets.

Page 58

LA MOSAÏQUE MYSTÈRE

C'est une tête de femme.

Page 59

C... COMME CINÉMA : SILENCE, ON TOURNE !

Mots en C : caméra, câble, canette, cape, clap, chapeau, chronomètre, cigare, cinéaste, ciseaux, coiffeuse, costume, cravate, croix, chandail, chaussure, chemise, collerette, chaise, casquette, cheval, cinq, ceinture, cheveux, château...

Page 60

CHACUN À SA PLACE

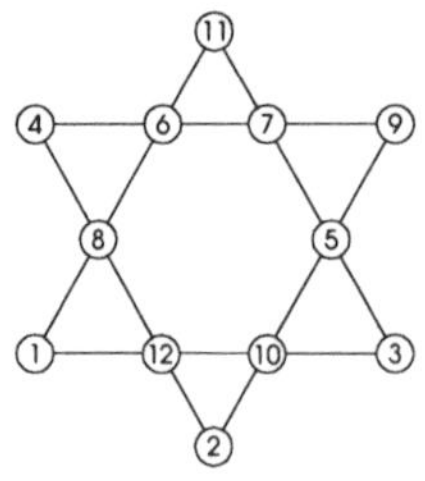

Page 61

CASSE-TÊTE ARCHÉOLOGIQUE

Les morceaux 2, 6, 8 et 10 ne sont pas bons.

Page 62

UN HORAIRE SERRÉ

Le train n° 1 arrive à 19h17.
Le train n° 2 arrive à19h18.
Le train n° 3 arrive à 19h09.
Il faut prendre le train n° 3.

UN PEU DE LOGIQUE !

C'est la main C. (Dans chaque série, il y a une main à un motif, une main à deux motifs, une main à trois motifs, et chaque main présente un motif différent.)

Page 63

FOLKLORE EN FOLIE

1. Japon : costume 3
2. Écosse : costume 4
3. Espagne : costume 5
4. Russie : costume 1
5. Thaïlande : costume 2

Page 64

PERDUE DANS UNE POUPÉE RUSSE

C'est la poupée 2.
Elle a les yeux de la 1, les spirales de la 3, les joues de la 4, les bras de la 5, la bouche de la 6, le bas de la 7, le foulard de la 8.

Page 65

RICHE ! RICHE !

Charlotte en a 74 kopecks dans son porte-monnaie. Elle ne peut donc acheter que la poupée.

 = 15

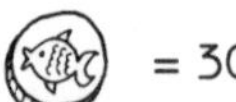 = 30

 = 7

Page 66
VISITE D'UN SOUK DE TUNIS

mots en T : tapis, tonneau, théière, t-shirt, table, treillis, turban, tête, tasse, tétine, tronc, thermomètre, tabouret, tige, télévision, tablette, tortue, toupie, téléphone, trou…

Page 67
LES CASSE-MÉNINGES DES CAMÉLÉONS

1. 80
2. En 10 minutes, 10 caméléons attrapent 10 mouches. Donc, en 10 minutes, un caméléon attrape une mouche. Donc il ne faudra que 10 minutes à 50 caméléons pour attraper 50 mouches.
3. Lone
4. Noël en a sept et Léon en a cinq.

Page 68
LE LABYRINTHE DE LA CASBAH

Page 69
INCROYABLE, MAIS VRAI !

1. 9600 km
2. 60 000 km²
3. 50 000 km²
4. 1000 m
5. 175 ans
6. 80 km/h
7. 75 min
8. 80 %
9. 4600 ans
10. 2 cm

Page 70
QUESTION DE PIEDS…

1. Partir du bon pied.
2. Trouver chaussure à son pied.
3. Ne pas avoir les deux pieds dans la même bottine.
4. Être bête comme ses pieds.
5. Mettre les pieds dans le plat.
6. Casser les pieds de quelqu'un.
7. Faire un pied de nez.
8. Ne pas se laisser marcher sur les pieds.

Page 71
SUPERGRILLE : LE DÉSERT

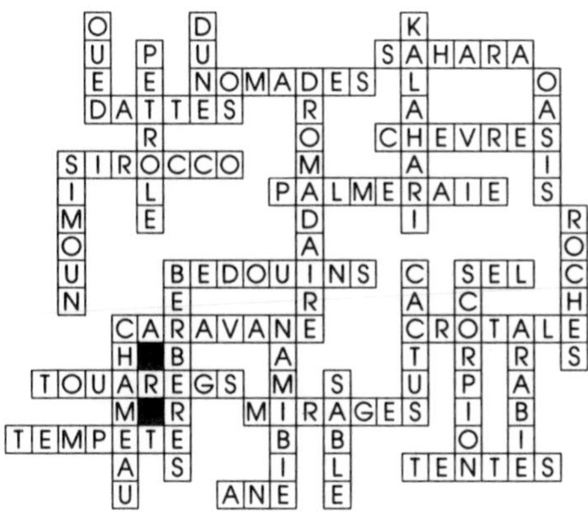

Page 72
UNE HEUREUSE RENCONTRE

Que diriez-vous d'un petit verre de thé à la menthe ?

Page 73
VILLES DU BOUT DU MONDE

Tombouctou, Katmandou, Ouagadougou, Bagdad, Tokyo, Singapour, Calcutta, Nagano, Brasilia, Hong Kong, Shanghaï

ANI-MOTS

Chat : châtelain, château, châtaigne, crachat, chatouille, châtiment
Pie : piège, toupie, pompier, espiègle, soupière, croupier
Coq : coquin, coquille, bicoque, coquet, coquelicot, coquerelle
Âne : canette, cabane, banane, manège, sultane, sarbacane
Rat : grattoir, ration, karaté, ratisser, râteau, opérateur

Page 74
LES DRAPEAUX ÉTOILÉS

Le drapeau du Cameroun est le C.

A : Nouvelle-Zélande	F : Chili
B : Chine	G : Algérie
D : Burundi	H : Burkina-Faso
E : Panama	I : Corée du Nord

Page 75
CHOSES ET BÊTES À TROUVER DANS LA SAVANE

Page 76
SAVANT DÉCOMPTE DANS LA SAVANE...

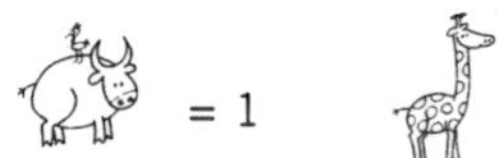

= 4

RIBAMBELLE DE RÉBUS

J'ai vécu en Sibérie.
Émile s'en va au Soudan dimanche.
Hervé s'en ira au Missouri demain.
Simon a surpris Didier au Pérou.

Page 77
CACHE-CACHE : LES ANIMAUX VOYAGEURS

1. canard
2. otarie
3. cachalot
4. saumon
5. bernache
6. gnou
7. hirondelle
8. sterne

Page 78
PRISONNIERS DE LA PYRAMIDE

Page 79
LA PYRAMIDE DE CHIFFRES

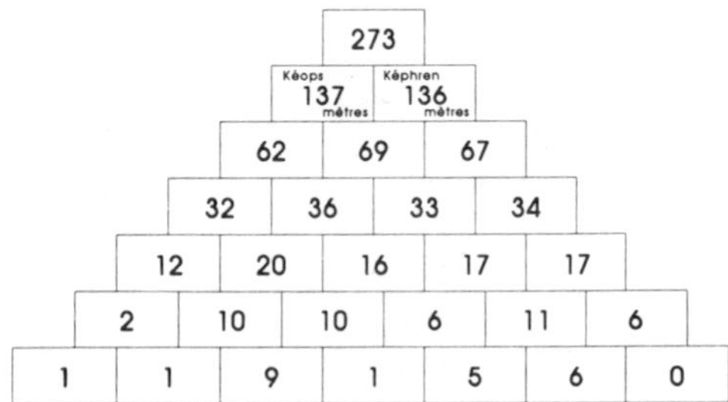

Page 80
LA FRESQUE ÉGYPTIENNE

Le n° 6. C'est le seul à ne pas encore avoir été utilisé.

Page 81
SCRIBE À L'ŒUVRE !

1. 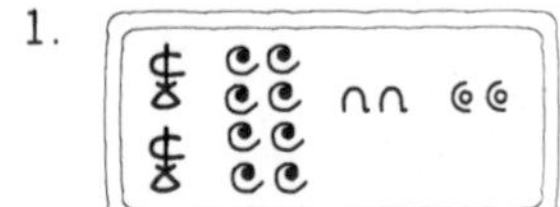

2. 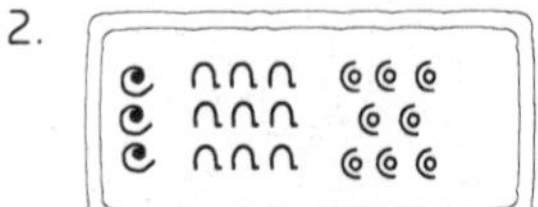

Page 81 (suite)
SCRIBE À L'ŒUVRE ! (SUITE)

3. 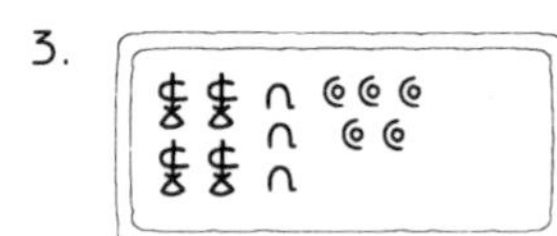

4. 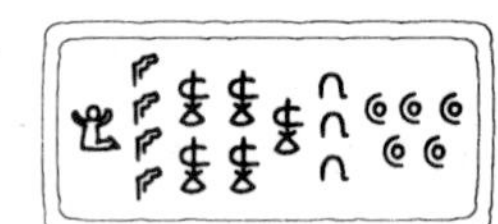

5. 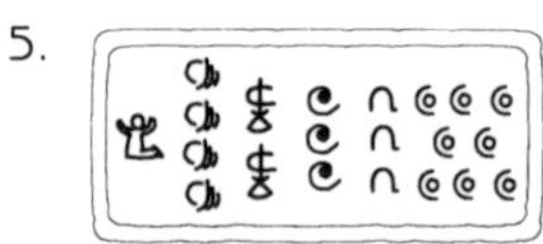

Page 82
LA GRILLE DES « MILLE ET UNE NUITS »

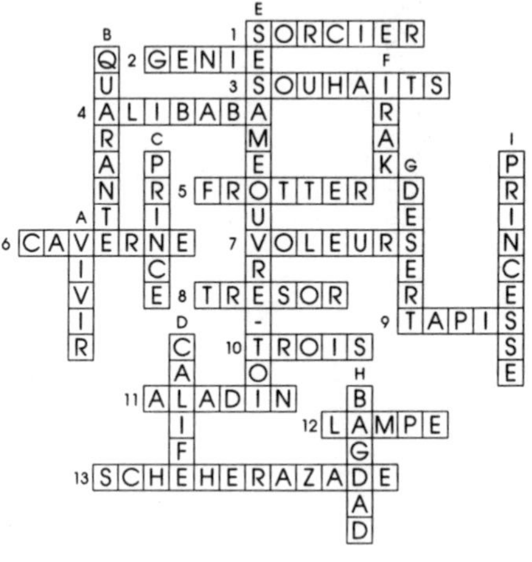

Page 83
SALADE DE CHARADES

1. La grande muraille de Chine (la - grand - deux - mur - ail deux - chi - nœud)
2. Vancouver (vent - cou - vert)
3. Vignoble (vigne - haut - bleu)
4. Pyramide (pie - rat - mie - deux)
5. Paquebot (pas - queue - beau)
6. Méditerranée (mais - dit - terre - année)

Page 84
CODE EN BRAILLE

Au mois d'août, rendez-vous à Katmandou; ça vaut le coup!

Page 85
MOTS MYSTÈRE : LES PAYS D'ASIE

Mots mystère : le désert de Gobi

Page 86
À L'ASSAUT DE L'EVEREST!

Page 87
UN MESSAGE EMBROUILLÉ

Cher ami,
J'ai cherché Lola Laventure dans toutes les maisons, dans tous les châteaux, les musées et les ports, sur toutes les plages de sable blond, sous tous les ponts, j'ai sillonné toutes les routes de notre beau pays au complet, et même celles de la France et du Japon. Hélas, personne ne connaît cette fille, personne ne l'a vue. J'ai tout fouillé, j'ai parcouru la campagne, j'ai traversé des forêts pleines de loups, des bois touffus, des jungles infestées de mouches tsé-tsé. Rien, rien, toujours rien! Pas la moindre trace de Lola. Je continue mes recherches.

Fin Museau, détective diplômé

Page 88
ALPINISTES EN PÉRIL!

escalade, crampon, cordée, neige, montagne, versant, précipice, sommet, piton, paroi, ascension

MÉLI-MÉLO: LES ANIMAUX DES HAUTEURS

Marmotte, mouflon, yack, lama, chamois, bouquetin
La plus haute chaîne de montagnes est l'Himalaya!

Page 89
LA GRILLE DU « LIVRE DE LA JUNGLE »

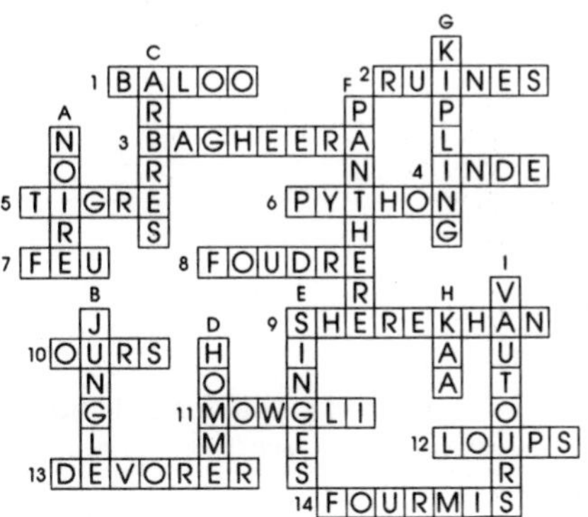

Page 90
PAS POSSIBLE!

1. 140 litres
2. 130 km/h
3. 2 ans
4. 29 m
5. de la graisse
6. les Chinois
7. 1 h 30
8. Amérique (du Sud)

Page 91
AU MARCHÉ FLOTTANT

Six sacs de riz.

LA VALSE DES VALISES

Un sac d'os.

Page 92
MOTS CODÉS

1. pédale 2. yogourt 3. Mexique 4. ville 5. Jamaïcain 6. Suisse 7. trains 8. iceberg 9. Pacifique 10. Tokyo
Question secrète: Vais-je à Paris en taxi ou à Tokyo en vélo?

Page 93
R... COMME RIZIÈRE!

Mots en R: riz, robe, rayures, radeau, radio, raquette de badminton, râteau, rayon de vélo, récolte, roche, rose, rosier, roue, roulettes, route, ruban, raisin, rame, roseaux...

Page 94
LI, TI ET KIM

Puisqu'elle dit toujours la vérité, Ti ne peut être au milieu, ni à droite. Elle est donc à gauche. Par conséquent, Kim est au milieu et Li est à droite.

BAGUETTES À GOGO

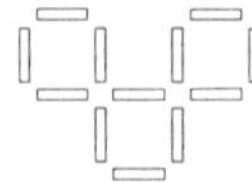

Page 95
C'EST DU CHINOIS!

Les voyages forment la jeunesse!

Page 96
QU'EST-CE QUI CLOCHE: LE JARDIN CHINOIS?

Page 97
MOTS EN IMAGES

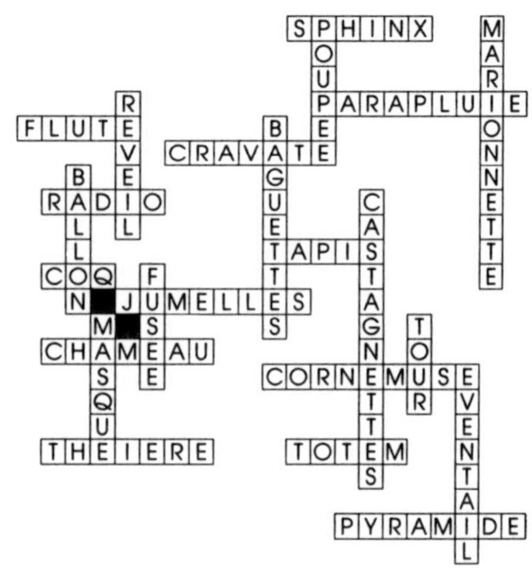

Page 98
QUI Y HABITE ?

Malaisie - Malais
Monaco - Monégasques
Îles de la Madeleine - Madelinots
Maroc - Marocains
Malte - Maltais
Saint-Malo - Malouins
Moscou - Moscovites
Mali - Maliens
Madagascar - Malgaches
Mozambique - Mozambicains
Les habitants de Madrid sont les Madrilènes.

Page 99
MATHS ET MOTS

Solution : Japon

A : 21	I : 200
B : 6	J : 20
C : 16	K : 8
D : 150	L : 12
E : 160	M : 100
F : 371	N : 92
G : 170	O : 60
F : 240	P : 48

BKLCJAPONMDEGIHF

Page 100
DÉLIRE D'ONOMATOPÉES

1. ouache
2. crac
3. bong
4. plouf
5. meuh
6. arglll
7. pouf
8. bof
9. sloup
10. criche criche
11. bip bip
12. ding

Page 101
UN MESSAGE IMPORTANT

Interdiction absolue d'entrer avec vos chaussures !

Page 102
BOLS À TROUVER : LA CÉRÉMONIE DU THÉ

Page 103
MOTS CODÉS

1. fleuve 2. passeport 3. Chine 4. Algérie 5. colibri 6. adultes 7. valise 8. bicyclette 9. Pise
Animal secret : le tigre de Sibérie

Page 104
UN FAUSSAIRE PAS TRÈS DOUÉ

Page 105
SUMOTORI AU SOMMET

1. Kunio 2. Kazuo 3. Takuro 4. Shigeo 5. Konosuke 6. Yujiro 7. Hidefumi (le grand champion) 8. Shiro 9. Seishi

Page 106
UN JEU D'ENFANT !

C'est un cerf-volant.

Page 107
L'ESCAPADE DES CERFS-VOLANTS

Lola est retournée en Amérique !

Page 108
DES TOTEMS DE L'OUEST

C'est le 6. Il a le front et les yeux du 2, le nez et la bouche du 7, les bras du 3, un motif du 5 suivi d'un second motif du 4 et les jambes du 1.

Page 109

PETITS GÉNIES À L'AVENTURE

1. les Andes
2. Katmandou
3. nasique
4. un petit bateau à voile
5. des volcanologues
6. des sherpas
7. midi, le 25 juin
8. Malawi (c'est un pays)
9. l'Everest
10. la grande muraille de Chine

Page 110

FOUILLES ARCHÉOLOGIQUES EN ALBERTA

STRUTHIOMIMUS
OEUF
VELOCIRAPTOR
DENTS APATOSAURE
TRIAS
BRACHIOSAURE
COU GALLIMIMUS
COMPSOGNATHUS OS
DILOPHOSAURE
DEINONICHUS
REPTILES
DIMETRODON
CORNES
EMPREINTE

Page 111

LES « SCRABOUILLEURS »

12 lave
13 aise
14 sale
15 vase
16 sali et visé
17 visa et salie
19 valse et salve
21 lavis
22 salive

ANIMAUX EN PAGAILLE

1. gavial 2. yack 3. ours 4. orang-outan 5. tigre 6. éléphant
7. macaque 8. panda 9. chameau 10. buffle

Page 112

LES CARRÉS CACHÉS

Réponse : 30

DE LÀ À LÀ

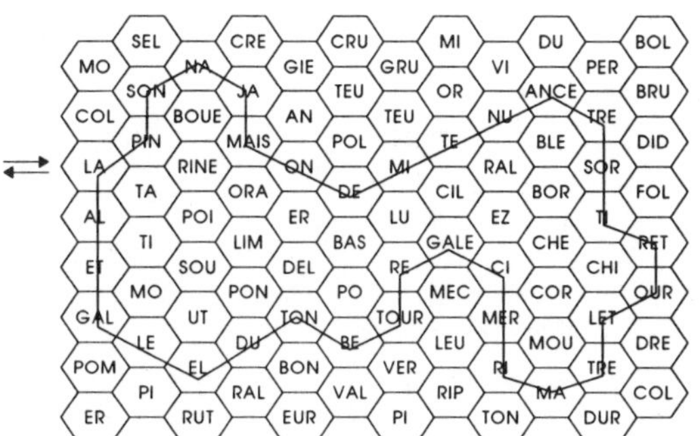

Page 113

DES SOUVENIRS EN PAGAILLE

Ils ne peuvent pas avoir acheté de boomerang, puisqu'ils n'ont pas mis les pieds en Australie !

Dans la même collection...

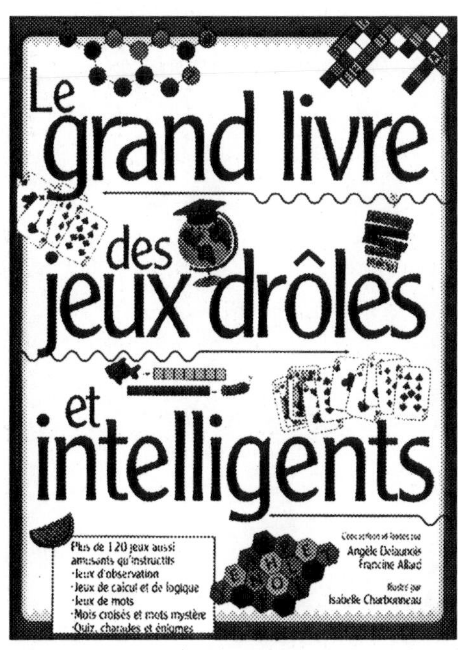